ESTAMPES

ANCIENNES & MODERNES

PIÈCES HISTORIQUES

PORTRAITS

Marie-Antoinette, Marie Leczinska, El. Ch. d'Orléans Palatine,
Dubarry en couleur, Pompadour d'après Vanloo av. l. l.

ET AUTRES PERSONNAGES CÉLÈBRES

PAR

EDELINCK, GAUCHER, NANTEUIL, ETC.

DESSINS

BOILLY, BOUCHER, ETC.

VENTE les **21, 22** et **23** Mai.

EXPOSITION LE **20**.

Me **DELBERGUE-CORMONT**, Commissaire-Priseur
M. **VIGNÈRES**, Marchand d'Estampes.

1860

RENOU ET MAULDE
IMP. DE LA COMPAGNIE DES C^{res}-PRISEURS
rue de Rivoli, 144.

CATALOGUE

D'ESTAMPES

ANCIENNES & MODERNES

DIVERSES ÉCOLES

PIÈCES HISTORIQUES

PORTRAITS

de

MARIE-ANTOINETTE, MARIE LECZINSKA, PALATINE D'ORLÉANS, DUBARRY EN COULEUR,
POMPADOUR PAR ANSELIN, AVANT LA LETTRE,
et autres personnages célèbres

Par EDELINCK, *GAUCHER*, NANTEUIL, etc.,

DESSINS

De BOILLY, BOUCHER et Autres

DONT LA VENTE AURA LIEU

HOTEL DES COMMISSAIRES-PRISEURS

Rue Drouot, n° 5

SALLE N° 3, AU 1er

Les Lundi 21, Mardi 22 et Mercredi 23 Mai 1860, à une heure

Par le ministère de Me **DELBERGUE-CORMONT**, Commissaire-Priseur,
rue de Provence, 8,
Assisté de M. **VIGNÈRES**, marchand d'Estampes,
rue de la Monnaie, 13, à l'entresol, entrée rue Baillet, 1,
CHEZ LEQUEL SE DISTRIBUE LE CATALOGUE.

EXPOSITION PUBLIQUE

Le Dimanche 20 Mai 1860, de 1 heure à 4 heures.

PARIS

RENOU ET MAULDE

IMPRIMEURS DE LA COMPAGNIE DES COMMISSAIRES-PRISEURS
Rue de Rivoli, n° 144.

1860

ORDRE DES VACATIONS.

Le Lundi 21 *Mai*. — 1re VACATION.

Écoles anciennes	1 à 207
Estampes historiques	208 à 218
Estampes modernes	219 à 241

Le Mardi 22 *Mai*. — 2e VACATION.

Portraits	242 à 442
Dessins	686 à 733

Les attributions de l'amateur ont été conservés pour les Dessins.

Le Mercredi 23 *Mai*. — 3e VACATION.

École française, XVIIIe siècle	443 à 606
Portraits et Sujets en couleur	607 à 685

On commencera à une heure précise.

CONDITIONS DE LA VENTE.

Elle sera faite au comptant.

Les acquéreurs paieront, en sus des adjudications, 5 pour 100, applicables aux frais.

M. VIGNÈRES, faisant la vente, se charge des commissions.

NOTA. Toute commission sans prix fixé ou sans limite déterminée sera regardée comme nulle.

M. VIGNÈRES se charge de faire marquer les prix aux Catalogues des ventes qu'il a faites. Les personnes qui le désirent peuvent s'adresser à lui *franco*.

Plusieurs amateurs éloignés en ont reconnu l'utilité pour les guider dans leurs achats sur les valeurs des Estampes.

Pour rendre service aux personnes ayant le goût des Arts et des Collections, MM. les Amateurs qui reçoivent des Catalogues sont priés de les communiquer à leurs amis.

[illegible]

[illegible]

DÉSIGNATION

ESTAMPES

Anciennes, Diverses Écoles.

1 **Aldegrever** (attribué à). Homme ayant terrassé un homme. B. VIII, p. 451-4.

2 **Altdorfer**. Saint Jérôme. B. 22.

3 **Anonymes**. Les disciples d'Emaüs. Très-petite pièce à deux scènes, extrêmement rare.

4 — Portrait de saint Paul, apôtre. Profil médaillon.

5 — Caïn tuant Abel. Très-petite pièce ronde.

6 — Jésus à mi-corps donnant la bénédiction. Très-petite pièce.

7 — Saint agenouillé pour le sacrifice de la messe. Très-petite pièce ronde.

8 — Vierge et Jésus. Très-petite pièce ; les coins coupés pour l'arrondir.

9 — Les quatre évangélistes discutant. Pièce très-ancienne.

10 — Jésus-Christ montant au ciel. Petite pièce ronde.

11 — Le Baiser de Judas. Pièce sur vélin.

12 — Anonymes de diverses Ecoles. 12 p. Pourra être divisé.

13 **Baccio Bandinelli** (D'ap.) Saint Laurent. Eau-forte, rare.

14 **Bakhuizen**. — La Marchande de poissons. B. 2. Très-belle ép.

15 **Barlow.** Oiseaux, Coq, paon, hibou. 4 p.

16 **Bary** (H.). 1670. Le Vin rend insolent, d'ap. F. Mieris. Très-belle ép.

17 **Binck** (Jacques). David vainqueur de Goliath. 1526. B. 5. Très-belle ép.

18 **Bois.** Saint Christophe, Christ en croix entre les larrons. Monog. M O, etc. 3 p.

19 **Boissieu.** Croquis, groupes de sept têtes, dont un joueur de luth et une tête de chien. Superbe et ancienne ép. sur papier vergé.

20 **Bolswert** (S. A.). La Pêche miraculeuse, d'ap. Rubens. Très-grande p. en deux feuilles jointes. Belle ép.

21 **Bonasone.** Jupiter, Neptune et Pluton partageant l'empire de l'univers. B. 93. — Neptune apaisant la tempête. B. 104. Grande marge. 2 p.

22 **Bosse** (Abraham). Les Vierges sages et folles. Suite de 7 p.

23 — Louis XIII en Hercule. — L'Odorat. — L'Imprimeur. 3 p.

24 — Le Sculpteur. Superbe ép. Grande marge.

25 — Vierges folles. — Vierges folles et sages. 2 p. Superbes ép. encadrées.

26 **Burgmaer** (attribué à Hans). Costumes de soldats cuirassés, dont un armé d'une masse formée d'une boule à piquants. 2 p. à l'eau-forte.

27 **Caraglio.** La Pentecôte. B. 6. Attribué à Marc-Antoine, d'apr. Raphaël.

28 **Cavalleris,** 1572. Saint Christophe. Ep. sur soie jaune.

29 **Cootwyk.** Fac simile bistre. Homme assis regardant une estampe.

30 D★V. Dirk, ou Thiery van Star, dit le Maître à l'Etoile, Jésus et la Samaritaine. 1523. B. VIII. p. 26, 6. Belle ép. d'une pièce d'un maître rare.

[illegible]

[illegible]

[illegible] 50

31 **Davent**. Femme et enfant, d'ap. Parmesan. B. 68.

32 **Dé** (maître au). Sujet isolé de Psyché. B. XV. p. 224, 71.

33 **Durer** (Albert). La Passion de Jésus-Christ. Suite de 16 p. B. 3 à 18. Superbes épreuves.

34 — La Vierge à la Muraille. B. 40. Très-belle ép. du cabinet Ferol.

35 — La Vierge au singe B. 42.

36 — La Vierge au papillon. B. 44. Très-belle ép.

37 — Saint Paul. B. 50.

38 — Saint Georges à pied. B. 53. Sup, ép. légèrement rognée.

39 — La Pandore, ou Grande Fortune. B. 77. Belle ép.

40 — La Petite Fortune. B. 78. Très-belle ép.

41 — La Justice. B. 79. Superbe ép. avec un filet de marge.

42 — Assemblée des hommes de guerre. B. 88. Très-belle ép. rognée et parfaitement restaurée.

43 — Albert, cardinal. B. 103. Portrait de profil.

44 — Frédéric, duc de Saxe. B. 104. Belle ép.

45 — Le pommeau d'épée de Maximilien. Très-petit crucifix. Planche ronde. 2 Copies différentes. — Le grand cheval. Contrepartie. 3 p.

46 **Dusart** (Corneille). Le Joueur de violon assis. B. 15. Belle ép.

47 — La Fête de Village. B. 16. Belle ép.

48 **Edelinck** (G.). C'est du Ciel que descend cette haute sagesse, d'après Ph. de Champagne.

49 **Ghisi** (Adam). Hercule. B. 15 et 16. 2 ép.

50 — (J.-B.). Cavalier à l'antique. B. 15. Très-belle ép.

51 **Gole**. Scène d'intérieur galant. Superbe épreuve. Manière noire.

52 **Goya**. Un infante de España, d'ap. Vélasquez.

53 — Tauromaquia. L'art de combattre les taureau. En 33 pièces à l'eau-forte. Superbe exemplaire en feuille. Rare.

54 — Caprices, la Danse, les Sorciers, la Course en sac, personnages à double tête et autres sujets fantastique. 16 p. Très-rares.

55 **Hogarth**. Proverbes. 12 p.— Crédulité, superstition et fanatisme. — Gine lane, Beer street, diverses scènes de folies et comédies humaines. En tout, 34 p. Très-belles. Pourra être divisé.

56 **Hollar**. Le Parlement assemblé pour juger Strafford.

57 **Hopfer**. Jugement de Pâris et autres. 2 Sujets ronds.

58 **Lasne** (Michel). Les Fontaines à Fontainebleau. 4 p. Rares.

59 **Later** (J. de). Intérieur de cabaret grivois. Manière noire. Très-belle ép.

60 **Leyde** (Lucas de). Saint Philippe. B. 95.

61 **Livens**. Buste d'un Oriental. B. 13.

62 **Maître au Caducée**. Judith. B. I. — Et copie du saint Jérôme, 7. 2 p.

63 **Mantegna**. Soldats portant des trophées. Répétition du nº 13. B. 14. Belle ép.

64 **Matham** (J.) 1603. Marchande de fruits et marchand de volailles. Superbe ép. d'après Langepier.

65 **Mecken** (Israël de). La Résurrection. B. 20.

66 — Sainte Agnès de face. B. 119.

67 — Saint Jacques le mineur. Page 297, — 30 ?

68 — L'Annonciation. Appendice 9. B. VI. P. 298. Coloriée.

69 **Monogramme** AF. Enfant ailé à cheval. B. XV. P. 536-2.

70 — A. S. G. 1508. Vénus traversant l'eau. B. IX. P. 515-1.

[illegible] 14

[illegible] 16

[illegible] 21

71 — B. La Rhétorique. B. XV. P. 505-3.

72 — H. L. Saint Georges. B. VIII. P. 36.3.

73 — — L'Amour sur l'escargot, 1533. B. P. 38-7.

74 — — Hercule arrête la biche aux pieds d'airain. Petite pièce ronde. Inconnue à Bartsch.

75 — H. s E. Jupiter. Pièce inconnue à Bartsch.

76 — R. V. a. Vierge dans une gloire entourée de saint François, sainte Catherine, sainte Madeleine. (Cabinet Debois 1. Vendue 70 fr.)

77 **Montagna** (B.). L'Homme assis près d'un palmier. *Guidotti for.*

78 **Nielle**. Porte-enseigne écoutant l'allocation d'un empereur romain. 265. Duchesne. Petite pièce extrêmement rare.

79 **Ossembeeck** (J.-V.) Les Chiens. B. 8.

80 **Ostade**. Paysan avec une petite toque noire (B. 1). — Paysane qui rit (B. 2). — Le Fumeur, ovale (B. 5). Ces 3 p. sont imprimées sur la même feuille.

81 — Le Fumeur à la fenêtre (10). — La Tendresse champêtre (11). — 2 p.

82 — L'Homme et la Femme causant ensemble (12).

83 — La Poupée demandée. B. 16

84 — Le Coup de couteau. (B. 18).

85 — Gueux debout les mains derrière le dos (21). Gueux enveloppé d'un manteau (22). 2 ép.

86 — La Grange. B. 23.

87 — Le Fumeur et le Buveur (24 bis) et 2 copies du (28).

88 — Le Savetier (B. 27).

89 — La Chanteuse (B. 30).

90 — Le Charcuitier (B. 41).

91 — La Famille. B. 46.

92 **Pass** (de). Procris, d'ap. Elsheimer. Sup. ép.

93 **Poelemburg.** Loth et ses filles. Pièce très-rare (attribué).

94 **Raimondi** (Marc-Antoine). Joseph et la femme de Putiphar. B. 9.

95 David coupant la tête à Goliath. B. 10. Avec les initiales de Mariette. *P. M.*

96 — Jésus-Christ dans le tombeau, d'ap. Raphaël. B. 36.

97 — Saint Paul prêchant à Athènes. B. 44.

98 — Notre-Dame à l'escalier. B. 45, et une copie du sens.

99 — La Vierge à la longue cuisse. B. 57.

100 — Saint Mathias. B. 75. Avant le nom dans l'auréole ?

101 — Saint Judas Thaddée. B. 89. 1er état avant Ant. Salamanca.

102 — Didon. B. 187. Copie A. Sup. ép. rognée.

103 — Titus et Vespasien. B. 188. — Scipion l'Africain. 189.— Horace Cocles 190. — Curtius. 191.

4 p. des premières manières de Marc Antoine.

104 — L'Empereur rencontrant le guerrier. B. 196.

105 — Léda. B. 232. Avec A. V. La marque inconnue à Bartsch.

106 — Laocoon. B. 243.

107 — Satyre portant une nymphe. B. 300.

108 — Vénus accroupie d'après Francia. B. 313. Restaurée.

109 — Hercule au berceau. B. 315. Superbe avant avant la retouche.

110 — Hercule et Anthée. B. 316.

111 — Vénus et l'Amour. B. 318. Coupée.

112 — Vénus sur la mer. B. 323.

113 — Pan et Syrinx. B. 325.

114 — Pallas. B. 337. Très-belle. Plus la copie trompeuse. 2 p.

115 — Mars, Vénus et l'Amour. B. 345.

116 — Le *Quos ego* B. 352.

117 — La Pureté. B. 379. Rognée du bas. Très-belle ép.

118 — La Paix. B. 393.

119 — Bataille. B. 420.

120 — La Femme portant un vase sur la tête. B. 470.

121 — Le pape Léon X. B. 493. Superbe ép. coupée en rond. — Le pape Paul III. Médaillon par un anonyme. 2 p.

122 — La Vierge adorée par des saints, d'ap. Al. Duret. B. 637.

123. — Copies, le Parnasse, la Prudence, Vierge et Jésus, saint Marc, saint Mathieu, sainte Cécile, Philosophie, etc. 22 p. Pourront être divisées.

124 — L'Abreuvoir des Bœufs. Pièce attribuée. B. XV. p. 51-8. Avant Ant. Sal.

125 **Raphaël** (D'ap.) Caïn et Abel. — Pierre et Jean guerrisant. — Saint Georges, etc. 4 p.

126 — Massacre des innocens. En bois camaïeu, rare.

127 **Rembrandt**. Son portrait, l'écharpe autour cou. B. et Cl. 17.

128 — Son portrait tenant un sabre. B. et Cl. 18. Papier à la folie.

129 — Adam et Eve. B. 28. — Cl. 34. Ep. avec le reflet de lumière sur la cuisse d'Eve.

130 — Abraham avec son fils Isaac. B. 34. — Cl. 39. Belle ép.

131 — Joseph racontant ses songes devant sa famille. B. 37. — Cl. 41.

132 — Joseph et la femme de Putiphar. B. 39. — Cl. 43.

133 — Le Triomphe de Mardochée. B. 40. — Cl. 44. Col. Donadieu.

134 **Rembrandt.** David priant Dieu. B. 41.—Cl. 45. — L'Ange disparaissant devant la famille de Tobie. B. 43. — Cl. 47. 2 p.

135 — La Nativité. B. 45. — Cl. 49.

136 — Retour d'Egypte. B 60. — Cl. 69. Sup. ép. Col. Paar.

137 — La Vierge et Jésus sur les nuages. B. 61. — Cl. 65. Col. Ferol.

138 — Jésus au milieu des Docteurs. B. 64. — Cl. 68. Belle ép.

139 — Jésus discutant avec les Docteurs de la loi. B. 65. — Cl. 69. Sup. ép.

140 — Jésus chassant les vendeurs du Temple. B. 69. — Cl. 73.

Ep. du 2e état à la grande bouche. La planche existe encore et de cet état. Avis aux savants iconophiles qui pourraient croire que Bartsch s'est trompé. (Le 1er état est avec la petite bouche). V.

141 — Résurrection de Lazare. B. 72. — Cl. 76. Belle.

142 — Jésus-Christ en croix entre les deux larrons, Ovale. B. 79. — Cl. 84.

143 — Jésus-Christ en croix. B. 80. — Cl. 85. Belle.

144 — Descente de croix au brancard. B. 83.—Cl. 87. Belle.

145 — Les disciples d'Emaüs. B. 87. — Cl. 91.

146 — Le bon Samaritain. B. 90. — Cl. 94. Belle.

147 — L'Enfant prodigue. B. 91. Très-belle ép.

148 — La même. Belle ép. —Cl. 95.

149 — Pierre et Jean à la porte du Temple. B. 94. — Cl. 97. Très-belle.

150 — Martyre de saint Etienne. B. 97. — Cl. 100.

151 — Saint François à genoux. B. 107. Cette p. est une des plus rare de l'œuvre du maître. Très-belle ép. — Col. Paar.

152 — Sujet de Bataille. B. 117. — Cl. 119. Belle.

153 — Les Musiciens ambulants. B. 119. — Cl. 121.

...bri. 193 ...
parfaite.

... 10.

[illegible] [illegible] [illegible]

. 154 — La Faiseuse de kouk's. B. 124. — Cl. 126. 5

. 155 — Juif à grand bonnet. B. 133. 1 50

. 156 — Figure d'un vieillard à courte barbe. B. 151. — Cl. 148. Belle. 1 25

. 157 — Gueux debout. B. 163. — Cl. 160. Très-belle ép. Ce petit morceau est gravé d'un très-bon goût. 3 50

. 158 — Mendiants homme et femme à côté d'une butte. B. 165. — 3e et avant-dernier état. Belle ép. 3 50

. 159 — La Fermière à la Calebasse. B. 168. — Cl. 165 Belle. 1 50

. 160 — Paysan déguenillé, les mains derrière le dos. B. 172. Morceau tres-spirituellement gravé. Très-belle ép. 10 Vig

. 161 — Gueux assis sur une motte de terre. B. 174. — Cl. 171. Très-belle. 3 75

. 162 — Le Dessinateur d'ap. le modèle. B. 192. — Cl. 189. Très-belle. 2

. 163 — Académie d'un homme assis à terre. B. 196. — Cl. 193. Très-belle. 1

. 164 — Femme nue les pieds dans l'eau. B. 200. — Cl. 197. 2

. 165 — Vénus au bain. B. 201. — Cl. 198. 4

. 166 — Paysage à la tour carrée. — B. 218. — Cl. 215. Très-belle. 27 Vig

. 167 — Paysage au dessinateur. B. 219. — Cl. 216. Très-belle marge. 13 50

. 168 — L'Obélisque. B. 227. — Cl. 224. Suberbe ép. des cabinets Buckingham, Donadieu, Ferol. 116 Vig

. 169 — La Barque à voile. B. 228. — Cl. 225. Très belle ép. légèrement rognée sur le côté. Il manque environ 3 centimètres de papier blanc formant ciel. 6 50 Vig

. 170 — L'Abreuvoir à la vache, B. 237. — Cl. 234. Rognée du ciel. 4

171 **Rembrandt**. Homme sous une treille. B. 257. — Cl. 254. Belle ép. avec une petite marge.

172 — Vieillard à grande barbe. B. 260. — Cl. 257. Sur Chine. — Jean Antonides Vander Lenden. Rogné du haut. B. 264. — Cl. 261. 2 p.

173 — Vieillard à barbe carrée. B. 265. — Cl. 262. Sur Chine.

174 — Menassé Ben-Israel. B. 269. — Cl. 266.

175 — Faustus. B. 270. — Cl. 267. Très-belle ép.

176 — Jean Lutma. B. 276. — Cl. 273. Sur Chine.

177 — Jean Asselin, peintre. B. 277. — Cl. 274. Très-belle ép. avec marge.

178 — Wtenbogardus. B. 279. — Cl. 276. Très-belle. Ép. signée *Claude-Augustin Mariette*. 1694.

179 — Vieillard sans barbe. B. 299. — Cl. 295. Légèrement rogné de blanc. Très-petite pièce. Belle et rare.

180 — Vieillard chauve à courte barbe. B. 306. — Cl. 302.

181 — Vieille femme assise. B. 343. — Coupée du haut dans le blanc.

182 — Mauresse blanche. B. 357. — Cl. 347.

183 — Abraham carressant Agar. B. 33, 34. David, 41. l'Ange et Tobie, 43. Repos en Égypte, 57. Saint Jérôme, 102. Vieillard, 151. Faustus 270, Asselyn, 277. 10 p. Pourront être divisées.

184 — Le Persan. — et la grande descente de croix. Copie. 2. p.

185 **Sadeler** (R). La Chute des démons, d'ap. Martin de Vos. Très-belle ép.

186 — Grande tête, d'ap. A. Durer.

187 **Schongauer** (Martin). Jésus-Christ présenté au peuple. B. 15.

188 — La première Vierge sage. B. 77.

189 — Saint Grégoire. — Saint Sébastien. Copie. — Le Départ pour le marché. Contre-partie. 3 p.

[illegible] Tab. 11

190 **Stephanus.** Combat d'hommes contre différents animaux.

191 **Teniers** (D'ap.) Le Flûteur. — Paysage. — 2 p. de la col. Van Esdaille. — Le Tir de l'arc. — Clair de lune avec feu. 2 ép. en sens inverse. 6 p. Pourra être divisisé.

192 **Vasquez** (Jos). Retrato desconocido, d'ap. A. Moro. Portrait de dame (présumé Marie la Catholique). Superbe ép. Grande marge.

193 **Vélasquez** (D'ap.). Portrait de nain et Bobo de Coria. 2 p. Par Croutelle et Ribera. Sup. ép. Toute marge.

194 — Portraits de nains, par Vasquez et Muntaner. 2 p. très-belles. Toute marge.

195 — L'Infante Marguerite entourée de ses suivantes, nines et autres personnages, pendant que Velasquez fait son portrait. Belle p. Par Audouin.

196 — Soldat romain assis. Gravé par Levillain. Très-belle ép. Toute marge.

197 **Velde.** (J. V. de). Fuite en Égypte. Belle ép. Marge.

198 **Vico** (Ené). Les Muses et les Pierides sur la planche de Caraglio. B. 28.

199 — La Vieille Fileuse. B. 39. Pièce rare.

200 **Vignon.** Les Miracles du Christ. 13 p.

201 — Le Baptême de l'eunuque. Très-belle. — Saint Jean prêchant dans le désert. 2 p.

202 **Visscher** (C.). Portrait de sa mère.

203 **Waterlo.** Le petit Bossu. B. 121. Très-belle ép.

204 — Elie. B. 130. Très-belle ép.

205 **Woollett.** Le grand Pont, d'ap. Claude Lorrain. Très-belle ép. avant la lettre. Signée par Merard de Saint-Just.

206 — Le Veau d'Or pour pendant, par Lerpinière avant la lettre. Très-belle ép.

207 **Zagel** (Mathias Zingel ou). Les Deux Amants. B. VI. P. 379-16.

PIÈCES HISTORIQUES

208 **Périssin et Tortorel.** Recueil de 28 p., dont le titre Avis au lecteur. Très-rare. Scènes historiques, de 1559 à 1569. Tournoi où Henri II fut blessé, sa mort, colloque de Poissy, Massacres de Montbrison, Tours, etc., les quatre charges et la retraite de la bataille de Dreux. 5 p. Orléans. L'exécution de Poltrot, etc., etc. Vol. tranche dorée.

209 — Entrevue de Louis XIV et de Philippe IV. — Renouvellement d'alliance avec les Suisses. 2 p. historiques.

210 **Cochin.** Cérémonie du mariage de Louis, dauphin de France, avec Marie-Thérèse, infante d'Espagne, dans la chapelle du château de Versailles. 1745. Nombre de personnages en jolis costumes. Ép. grande marge.

— Décoration de la salle de spectacle dans le manége couvert de la grande écurie à Versailles, pour représenter la princesse de Navarre, à l'occasion du mariage du Dauphin. 1745. Splendide ornementation d'architecture, nombre de figures en jolis costumes.

— Bal paré donné par le roi dans la salle de spectacle, dans le manége, à Versailles, pour le mariage du Dauphin. 1745. Décoration et costumes de dames très-riches.

211 — Bal masqué dans la grande galerie du château de Versailles, pour le mariage du Dauphin. 1745. Grande et très-belle pièce en travers, avec nombre immense de costumes; l'on reconnaît les principaux personnages. Superbe ép., grande marge.

[illegible]

[illegible]

212 **Hulk**. Fête de la Régénération, l'an IV. D'après Monnet. Très-belle avant la lettre.

213 Adieux de Louis XVI à sa famille. Petit médaillon, ép. très-rare non terminée.

214 Sans-Culotte à la fête du 21 janvier, suffoqué par l'ombre de Louis XVI. Eau-forte. Rare.

215 Démolition de la Bastille. Colorié. Chez Basset.

216 Les quatre parties du monde, d'ap. Blaeu, avec les portraits, costumes et vues de villes, pour encadrements. 4 cartes in-fol.

217 **Caricatures** anglaises, sujets satiriques très-curieux. The Battle of the Pictures. — The solicitor committed. — Daniel sur R. Temple. Plusieurs p. —Wilkes et autres. 12 p. très-belles, pourront être séparées.

218 Al difetto di natura suplisca la borsa. Deux têtes, une jolie et l'autre affreuse, en regard.

ESTAMPES MODERNES

219 **Allom**. Vues d'Écosse, Westmoreland, Cumberland, Northumberland, etc., avec notices par Th. Rose. 3 beaux vol. in-4, demi-rel.

220 **Anselin**. Un enfant endormi, d'ap. Creti. Avant toute lettre.

221 **Delacroix** (d'ap. Eugène). Médée, par C. Geoffroy. Sup. ép. Chine.

222 **Desenne**. Vignettes pour les Œuvres de Voltaire, et portraits. 81 p. sur Chine. Vol. demi-rel.

223 **Desnoyers**. La Vierge de la maison d'Albe, d'ap. Raphaël. Superbe ép. lettre grise, marge.

224 **Dupont** (Henriquel). Gustave Wasa, d'ap. Hersent.

225 **Dupré** (Jules). Le jeune pâtre. Eau-forte sur Chine.

226 **Forster.** Raphael Sanzio à 15 ans.

227 — La Vierge au bas-relief, d'ap. L. de Vinci.

228 **Garavaglia.** La Vierge à la chaise, d'ap. Raphaël.

229 **Gavarni** (Œuvres choisies). 1846. Enfants terribles, traductions en langue vulgaire, lorettes, actrices. — Fourberies de femmes, Clichy, Paris le soir. 2 tomes en 1 vol. demi-rel.

— 1847. Carnaval à Paris, Paris le matin, Étudiants. Vol. demi-rel.

— 1848. Vie de jeune homme, débardeurs. Vol. demi-rel.

230 **Léopold Robert** (d'ap.). Jeune pâtre italien. Superbe ép. avant toute lettre.

231 **Perfetti.** Sybilla Cumaea, d'ap. Dominiquin.

232 **Prudhon** (d'ap.). Vignettes in-4 pour l'Art d'aimer de Gentil-Bernard. Avant la lettre.

233 — Très-petites figures allégoriques : l'Agriculture, les Beaux-Arts, etc. 10 p.

234 — Le premier baiser de l'Amour, par Copia. In-8.

235 — Le cruel rit des pleurs qu'il fait verser, par Copia. Avant la lettre.

236 — Titre in-fol. des Œuvres de Racine, par Marais. Superbe ép. avant la lettre.

237 — Abrocome, Aminta, Daphnis et Cloé, 3 p. in-8.

238 — Jésus portant sa croix, par Roger. Avant la lettre.

239 — Naufrage de Virginie, Phrosine. In-8. La grotte, la chasseresse, Daphnis et Cloé. 5 p.

240 — Son portrait par Boilly, famille malheureuse, la vengeance divine, l'égratignure. 5 p.

241 **Reynolds.** Martyrs en prison, Latimer, Crammer, Ridley, Bradford. Grande p. D'ap. Herbert.

R. 25

R. 20

R. 30

PORTRAITS

242 **Anselin.** Lally Tolendal. Très-belle ép. avant toute lettre. In-fol. 4 Vig
— Le même, avec la lettre. Très-belle ép. 2 50 Vig

243 **Ardel** (M.). Rubens, sa femme et son fils, en pieds. In-fol. Très-belle manière noire avant toute lettre. 5

244 **Audran** (B.). Benoît Audran, graveur, d'ap. Vivien. In-8. Toute marge. 2 50 Vig

245 — Fénelon, d'ap. Vivien. In-fol. Beau portrait du personnage. 3 25

246 **Audran** (J.). Camille Le Tellier de Louvois, bibliothécaire du roi, académicien, d'ap. Rigaud. Sup. ép. d'un charmant petit portr. Marge. Rare. 14 Vig

247 — L. A. de Pardaillan de Gondrin, duc d'Antin. Petit in-fol. Belle ép. Marge. 2 Vig

248 **Balechou.** P.-J. de Crébillon, d'ap. Aved. Très-belle ép. in-4. 9 Vig

249 — Jean de Julienne tenant le portrait de Watteau. Très-beau portrait, d'ap. de Troy. Superbe ép. Marge. 11 Vig

250 — Anne Ch. Gauthier de Loiserolle, femme d'Aved, peintre. Très-belle ép. in-fol. 5 Vig

251 **Bazin** (N.). 1686. Élisabeth-Ch. de Bavière, Madame, duchesse d'Orléans. 16
— Philippe, Monsieur, duc d'Orléans.
— Louis, Monseigneur le Dauphin. 12 Vig
— Marie-Anne-Ch.-Victoire de Bavière, dauphine.
Ces quatre portraits sont équestres et in-fol.

252 **Beauvarlet.** Catherine, princesse Galitzin, née princesse Cantemir. Grand in-4. Profil d'ap. Lefèvre. 1 50

253 — L. J. X., duc de Bourgogne, âgé de 9 ans, d'ap. Fredou. Charmant portrait in-8. Marge. Très-belle ép.

254 **Bellay** (Ch.). Rome, 1854. J.-F. Bellay, peintre, mort à Rome. 21 mars 1854. Ép. Chine. Rare.

255 **Berey** (chez) et autres. Louis XIV. — Le Dauphin. — Duc de Berry. — Duc et duchesse d'Orléans. — Maintenon. — Duc et duchesse de Bourgogne. — Philippe V et son épouse. 10 p. coloriées et rehaussées d'or et d'argent.

256 **Bolswert** (S.-A.) Maria Ruten, d'ap. Van Dyck. Superbe ép.

257 **Bonnart**. Duc d'Orléans, Monsieur.
— N.-S. Arnauld, marquis de Pomponne.
— N. de Catinat, maréchal.
— Ch. de Rohan Guemené, duc de Montbazon.
— F. de Neuville Villeroy, maréchal de France.
Ces 5 portraits sont en pied. Petit in-fol. Toute marge. Superbes ép.

258 **Bond**. Mme ***Tallien***, en pied assise, d'ap. l'original de Masquerier. Très-belle ép. in-fol. Rare.

259 **Brebiette**. François Quesnel, peintre. Belle ép.

260 **Cars**. François Boucher, peintre. Profil d'ap. Cochin. In-4.

261 **Chereau** (F.). J.-B.-L. Picon, seig. d'Andrezel, d'ap. Rigaud. Belle ép.

262 **Cheron** (E.-S.). Élisabeth-Sophie Cheron, à l'eau-forte, par elle-même. R. D. 1. 3e état. Belle ép. Rare.

263 **Chevillet**. Buffon, d'ap. Drouais. Beau portrait in-4. Très-belle ép. avant la lettre.

264 **Daullé**. Carlo Vanloo. Profil. Médaillon in-4, d'ap. Cochin. Très-belle ép. Sans marge.

265 **Demarcenay**. Le maréchal de Saxe. Superbe ép. Marge.

[illegible]

[illegible] [illegible]

[illegible] [illegible] [illegible] [illegible] [illegible]

R.

Oreilly

R.

266 **Drevet** (P.). ***Elisabeth-Charlotte d'Orléans***, palatine, d'ap. H. Rigaud. Superbe ép. d'un charmant petit portrait, vrai chef-d'œuvre du maître. 25 50

267 — Ch.-J. de Cisternay du Fay, d'ap. Rigaud. In-8. 1

268 — P. de Pardaillan de Gondrin d'Antin, évêque de Langres en 1724, d'ap. Vanloo. Superbe ép. petit in-fol. Toute marge. 10

269 — Jean Issaly, avocat, d'ap. Largillière. Sup. ép. in-4. Marge. 4 Vig

270 — Hélène Lambert, dame de ***Motteville***, d'ap. Largillière. Très-belle ép. in-fol. 5 50.

271 — Louis, duc d'Orléans, d'ap. Coypel. In-4. Très-belle ép. Marge. avant le nom sur la tablette 4 50

272 — C.-G.-G. de Vintimille aux pieds de la Vierge, la cathédrale de Rouen au fond; connu sous le nom du Grand-Bréviaire. Superbe ép., d'après Vanloo. 9 50

273 — Louis XV encore jeune. Buste en manteau royal, d'ap. Rigaud. Beau portrait in-fol. 14

274 — Antoine Portail, d'ap. Tournières. Superbe ép. Marge. 41 Vig

275 **Duflos** (Cl.). Pierre Boudou, chirurgien. Sup. ép. gr. in-8. 2 50 Vig

276 **Edelinck.** J.-B. Colbert, partie supérieure de la thèse de Cl. N. Morel. R. D. 171. Vap. Mignard 3 25

Sale

277 — J.-B. Michel Colbert, archev. de Toulouse. R. D. 172. 1 50

278 — Evariste Gherardi, comédien. Arlequin. R. D. 214. Très-belle ép. remargée largement sur papier ancien. 3 25

279 — Guil. de Lamoignon, premier président. R. D. 233. 1 50

280 — Charles Le Brun, peintre. R. D. 238. 5

183

281 **Edelinck.** Jean-Paul de Lionne, aumônier du roi. R. D. 247. Avant-dernier état.

282 — Louis XIV. In-8. R. D. 248. Très-belle ép. 4e état. Il y en a 6.

283 — Louis XIV, pour titre du Dictionnaire de l'Académie. R. D. 255. 1er état.

284 — Madame de ***Miramion.*** In-4. R. D. 275. Très-belle ép.

285 — J.-Ch. Parent, chevalier romain. R. D. 287.

286 — R. Poisson en pied rôle de Crispin. R. D. 299.

287 — Israël Silvestre, dessinateur et graveur. R. D. 319. Avec la vue de Paris au bas.

288 — Ulrique Éléonore, reine de Suède. R. D. 331. Les vers du bas coupés.

289 — Édouard Colbert, marquis de Villacerf, R. D. 336, ordonnateur des bâtiments, etc.

290 **Faber.** Ignatius Loyola, d'après Titien. Manière noire. In-4. Superbe ép.

291 **Flipart.** Mme ***Favart,*** avec les vers au bas. Joli portrait profil. Gr. in-8.

292 **Fratrel.** Portrait de Lambert Krahé, peintre.

293 **Gaucher** (C.-S.). ***Anacréon,*** d'ap. *Le Barbier*, avec attributs, et entouré de pampres et de raisin. In-4. Très-belle ép. Marge.

294 — La Tour d'Auvergne, premier grenadier de France. Médaillon in-8. Sup. ép. Marge.

295 — ***Fanny de Beauharnais,*** d'ap. Thornton. 1785. Charmant petit portrait in-12. Ép. avant le bord du cartouche ombré. Rare.

296 — Mme Fortunée ***Briquet.*** Superbe ép. d'un joli portrait in-8. Toute marge.

297 — ***Buffon.*** Sup. ép. avant la lettre. In-12. La tablette blanche. Charmant petit portr. d'une grande finesse.

[illegible]

[illegible]

Aug 2 30 [illegible]

R 10 Aug [illegible]

Aug 18 [illegible]

Aug

Aug 9 [illegible]

[illegible]

Aug

Aug 6 [illegible]

Aug

[illegible] 21 [illegible] 31 [illegible]

Aug

Aug

R. 20 [illegible]

298 — Michel de ***Cervantes***. In-8. Sup. ép. avant le nom sur la banderolle. Toute marge. 4 25

299 — ***Diderot***, d'ap. *Greuze*. Superbe ép. avant la lettre, la tablette blanche. In-8. Toute marge. Grand in-4. 10 Vig

300 — Mme la comtesse ***Du Barry***, d'ap. *Drouais*. Charmant portrait in-8, dans un médaillon entouré de roses. Superbe ép. Marge in-4. 22

301 — ***Fénelon***, d'ap. Vivien. In-8. Superbe ép. toute marge, in-4. 5

302 — H. ***Gravelot***, dessinateur, d'ap. Delatour. Charmant petit portrait in-18. Le cuivre est complet. 10 Vig

303 — Ch.-J.-F. ***Henault***, président et académicien, d'ap. Cochin. Superbe ép. grand in-8. Toute marge. In-4. 2 50 Vig

304 — J.-Ph. ***Le Bas***, graveur. Médaillon soutenu par des fig. allégoriques. Très-belle ép. in-8. 1 75

305 — L. de Marillac, veuve ***Le Gras***, fondatrice et supérieure des filles de la Charité. In-8. Sup. ép. Toute marge. 7 Vig

306 — Louis-Auguste, dauphin de France (***Louis XVI***). Médaillon entouré de roses et de lys. Sup. ép. grand in-8. Toute marge. 8

307 — ***Marie Leczinska***, d'ap. *Nattier*, 1755, entourée d'une guirlande de roses sur un champ fleurdelysé. In-8 en travers. Magnifique ép. tirée avant le texte au revers. 46

308 — ***Monnier***, général, d'ap. *Lebarbier*. Profil. L'amitié. Très-belle ép. in-8. Toute marge. 1 25

309 — A.-P.-A. ***De Piis***, secrétaire de Monseig. comte d'Artois. Charmant petit portr. in-18. Sup. ép. Marge. 1 Vig

310 — Jean ***Racine***, d'ap. *Santerre*. In-8. Sup. ép. avant la lettre. Toute marge. In-4. 9 Vig

127 75

3 75 311 — **René** d'Anjou, roi de Sicile, d'ap. lui-même. Joli portr. in-12. Très-belle ép. Marge.

1 312 — R.-A. **Sicard**, instituteur des sourds-muets. Grand in-8. Très-belle ép.

1 75 313 **Gaultier** (Léonard). P. de Besse, théol. Très-belle ép.

Vig 2 50 314 **Girard** (F.). Le docteur Récamier à mi-corps. Très-beau portrait avant la lettre, d'ap. Paulin Guérin.

Vig 2 50 — Portrait d'une dame âgée. Avant toute lettre.

2 25 315 **Goltzius** (H.). Jean Bol, peintre, à 50 ans.

3 316 **Grignon.** F. de Verthamont, d'ap. Lefèvre. Sup. ép. in-fol.

Vig 26 317 **Henard.** Mme Théod. **Dauberval**, née en 1761. Charmant portrait à l'eau-forte. Gr. in-8. Marge. Extrêmement rare.

On la voit tour à tour naïve, tendre et fière ;
Elle plane dans l'air, ses pieds sont deux ballons.
Un paysan Gascon se trouvait au Parterre,
Et s'écria : « *Sendis!* pour être aussi Légère,
« Cette femme ne mange autres que Papillons. »

2 318 **Hollar.** Hieronimus Westonius, d'après Van Dyck. Très-belle ép. Marge.

2 319 — Charles Ier, roi d'Angleterre, priant et tenant une couronne d'épines, *Clarior è tenebris. — Cœli specto*, sur deux rayons lumineux. In-4. Rare.

Vig 5 320 **Hondius.** Michel Mirevelt, d'ap. Van Dyck. Sup. ép. *Martin Van den Eden.*

5 50 321 **Houbraken.** Georges Villiers, duc de Buckingham. Superbe ép.

1 322 **Huot.** La Harpe, académicien. In-4. D'ap. Pujos. 1780. Très-belle ép. Marge.

2 50 323 **Ingouf.** Jean-Jacques Flipart, graveur. Superbe ép. d'un beau portrait. Rare.

1 75 324 **Ingouf** (P.-C.). 1771. Jean-Georges Wille, graveur. Profil, médaillon in-4. D'ap. son fils.

62 50

[illegible] [illegible] [illegible] Dolo' 31.

[illegible] Aray

Louise 8 Mag [illegible]

[illegible]

R 20 Mag

Mag

R 20 [illegible] 10 [illegible]

R. 20 Mag 8 Milly

R. 20. Mag [illegible] [illegible]

Mag 8 [illegible]

[illegible]

[illegible] 3 [illegible]
Milly 5 [illegible]

Mag 3 [illegible]

Louis 6 [illegible]

Dolci 8 [illegible] 9 Louis 5 [illegible] [illegible] 8 [illegible] 6 [illegible]

325 **Jacquinot** (Louise). Edme-Séb. Jeaurat, doyen des Astronomes, d'ap. Gois. 1789. Rare. In-4. 0

326 **Johannot.** Mlle de **Fontanges**, d'ap. *Petitot.* Superbe ép. in-8. Avant toute lettre. Marge in-4. 5 Vig

327 **Lalive de July.** Louise-Élisabeth **Chambon** de Lalive, son épouse, d'ap. Le Lorrain. In-fol. Rare. 3 Vig

328 **Langlois.** Dominiquin. In-4. Sup. ép. avant toute lettre, la tablette blanche. 7 Vig

329 — Gab.-Émilie de **Breteuil**, marquise **du Châtelet**. Sup. ép. in-8. Toute marge. 3 25

330 — La même. Superbe ép. avant toute lettre, la tablette blanche. In-8. Toute marge. 24 Vig

331 — Fontenelle, d'ap. Voiriot. In-4. Avant la lettre. Sup. ép. Toute marge. 9 Vig

332 — Frédéric II, — Pierre Ier. 2 portraits in-8. Sup. ép. avant toute lettre, la tablette blanche. Toute Marge. 13 Vig

333 — Mme **Joly**, actrice des Français. Sup. ép. avant toute lettre, la tablette blanche. In-4. Marge. 5 50 Vig

334 **Lasne** (Michel). Jacques Callot, graveur, grand in-8. 2 25

335 — J.-Ch. Doria, duc de Gênes, d'ap. Vouet. Belle ép. Très-grande marge. 1

336 — Bartelemi Tremblet, sculpteur, sur son cénotaphe. Sup. ép. 11 Vig

337 **Le Beau.** Mlle **Duthey**. In-4. Marge. 6 Vig

338 — Louis XV, roi de France. Sup. ép. in-4. Au bas se voit la place qui porte son nom. 6

339 **Le Bert.** Buckingham, d'ap. Dugoure. In-12. Belle. 3 50 Vig

340 — Philibert, comte de Grammont, d'ap. Dugoure. In-12. Belle. Marge. 4 50 Vig

341 — **Marion Delorme**, d'ap. *Champagne.* Charmant portrait in-12. Très-belle ép. Marge. 11 50

115 50

342 **Lecomte** (Aubry). Mme ***Récamier*** dans sa chambre, à l'Abbaye-aux-Bois. Lithog., d'ap. Dejuinne, 1826. In-fol. Rare. Non publié.

343 **Lenfant**. Le maître de Ferrières. Très-belle ép. in-fol.

344 **Leoni** (Ottavio). Son portrait. B. 6. — J.-César d'Arpinas, peintre. B. 23. Très-belles ép. 2 p.

345 **Lépicié**. Catherine ***de Seine***, épouse du sieur Dufresne. Superbe ép., d'ap. Aved. Port. in-fol. Marge.

346 **Leu** (Thomas de), Charles de Gonzague, duc de Nevers et de Rethel. Superbe ép. in-8. Marge.

347 — Henri III, roi de France et de Pologne. In-8.

348 — ***Marie de Médicis*** en riche costume. In-4.

349 — Don Petrus Arlensis. Sup. ép. in-8.

350 **Lombart**. Anne Morton, comtesse, d'ap. Van Dyck.

351 **Lommelin**. Jean de Vaël. M. D. D'ap. Van Dyck.

352 **Masquelier**. ***Ninon de Lenclos***, d'après *Raoux*. In-12. Belle ép.

353 **Masson**. Pierre Dupuis, peintre, d'ap. Mignard.

354 — Marin Cureau de la Chambre, d'ap. Mignard. Ép. du 1er état.

355 **Mercuri**. Françoise d'Aubigné, marquise de ***Maintenon***, d'ap. *Petitot*. Superbe ép. avec la lettre et l'entourage, sur Chine.

356 **Moncornet**. Léon Bouthillier de Chavigny. — Gaspard de Colligny de Chatillon. 2 portr. in-8. Sup. ép. avant les armoiries. Marge.

357 — Louis-Charles Gaston de Foix de la Valette et Candale. Très-belle ép. in-8 avant les armoiries. Grande marge.

358 — Louis de Rohan Guemené. — Anne de Rohan Guemené. 2 portr. in-8. Grande marge.

[illegible] Aug 12 [illegible]

R 4[illegible]

[illegible]

[illegible] 6.

[illegible] 5.

[illegible] 6

R.

R.

R.

R.

R.

359 **Masson** le jeune. D. Pineau, sculpteur, d'après Merelle. Charmant portrait in-8 à l'eau-forte, entouré de lierre. Rare. Marge.

360 **Morin.** ***Anne d'Autriche***, reine-régente, d'ap. Ph. de Champagne. Superbe ép. R. D. 41.

361 — Louis XIII, d'ap. Ph. de Champagne. Sup. ép. R. D. 64.

362 — Jean-Pierre Camus, évêque de Bellay. R. D. 49. Belle ép. Marge.

363 — Henri de Lorraine, comte d'Harcourt. R. D. 53. Belle.

364 — Marguerite ***Lemmens***, maîtresse de Van Dyck. R. D. 62.

365 — Antoine Vitré, imprimeur. R. D. 88. Sup. ép. Marge.

366 **Nanteuil.** ***Anne d'Autriche***. Belle ép. du 2e état. Il y en a 5. R. D. 22.

367 — Fréd. Maurice de La Tour d'Auvergne, duc de Bouillon. R. D. 49. Très-belle ép. Toute marge. Grand in-fol.

368 — Jean Chapelain, académicien. R. D. 60.

369 — Charles V de Lorraine. R. D. 65. Très-belle ép. Marge.

370 — ***Christine*** de Suède. R. D. 67. Superbe ép. in-fol.

371 — F. de Clermont-Tonnerre, évêque de Noyon. R. D. 68. 1er état.

372 — Jean Dorieu, président à la cour des Aides. Superbe ép. avec marge de la plus belle conservation. R. D. 84.

373 — César d'Estrées, évêque de Laon. Très-belle ép. Grande marge. R. D. 92.

374 — Basile Fouquet, abbé de Barbeaux. Sup. ép. R. D. 97.

375 — Melchior de Gillier. R. D. 102.

376 **Nanteuil.** Louis Hesselin, maître de la chambre aux Deniers. 1er état. Sup. ép. R. D. 110.

377 — Ch. de Laporte, duc de la Meilleraye, maréchal de France. R. D. 118. Très-belle ép. Marge.

378 — Michel le Masle, chanoine de Paris. Sup. ép. du 1er état. Marge. R. D. 126.

379 — Ch. Maurice Le Tellier. R. D. 139. Bordure carrée. Belle ép.

380 — Hugues de Lyonne. Grand in-8. R. D. 146. Grande marge.

381 — Jules-Paul de Lyonne, abbé de Saint-Martin-des-Champs. R. D. 147.

382 — F. Lotin de Charny, président au Parlement. Superbe ép. du 3e état. Il y en a 5. R. D. 151. Marge.

383 — Louise-Marie de **Gonzague**, reine de Pologne. R. D. 164.

384 — Pierre de Maridat, in-8. R. D. 168. Joli portrait.

385 — Égide Ménage, homme de lettres. R. D. 188. Sup. ép., 1er état, in-4. Marge.

386 — Henri de Mesmes, président au Parlement. R. D. 191. Sup. ép., 1er état. Marge. De la plus belle condition.

387 — Édouard Molé, président. R. D. 193. Cabinet Debois.

388 — Ferd. de Neufville, évêque de Chartres. Sup. ép. Avant-dernier état. 1657. R. D. 203.

389 — Anne-Marie d'Orléans Longueville, duchesse de **Nemours**. Superbe ép. Marge. R. D. 200.

390 — André Le Fèvre d'Ormesson, conseiller. R. D. 209. Superbe ép. 1er état. Marge. De la plus belle condition.

391 — P. Payen-Deslandes. R. D. 210. Superbe ép. Marge.

[illegible]

[illegible]

[illegible]

[illegible]

4 St Paul		1			Report	467	25
9 les Evangelistes	Renouvier	5		244 Grandeur	Moreau	2	50
14 Rackuyzen	Dobri	2		246 Guill. Letellier	R.	14	
23 Bonne Aventure	Peyloque	3		247 Gondran		2	
24 . Salpêtre	Bot	11		248 Crébillon	R.	9	
26 Buckmore	Debibility	1		249 Joliment	R.	11	
37 Deux Pendus		48		250 Coirrelle Paci		5	
51 Colo		4	25	251 Robin / Dauphin	Moreau	12	
52 Geyer enfants	Boilem	11		253 Bourgogne	Petit	1	50
58 Loire capitaine	Renouvier	5		254 Pellay	Martin	3	
92 [illegible]	Petit	6		256 [illegible]	Lebermith	3	
93 Porlenburg	R.	5		257 Apollo (Plaud)	Dobri	10	
115 Pierre et Veine		7	50	258 Sud Collin	Dobri	36	
126 Ombrandt	Dobri	26		268 Charon	Gillibert	7	
128 [illegible]		2		269 Steele	R.	4	
144 . Chef cach		2		274 Portail	R.	41	
146 [illegible]	Petit	3		275 Bourdon		2	50
152 . Portoaile		4		281 Lyonnais	Beranger	4	
160 . Peyrau dig.	Soleil	10		284 Miramion	Dobri	4	
166 . Paysage bon coin		27		287 Colbert Pillorey		2	
168 . Lebelique	Dobri	116		290 Loyola	Soleil	5	
169 . Pergue Aroit		6	50	291 Tour d'auvergne		1	
175 . Dorelier	Dobri	21		295 Fourny	Soleil	5	50
198 Vin Cividru	Soleil	3		296 Briquet		1	
210 Carlin Derrière		9		299 Hédevet	R.	10	
211 . . Bol		4		302 Gravelot	Hardrin	10	
218 Gourmoghe Vierge	Breton	30		303 Clément		2	50
232 Des 3 pinchon		4	50	305 Legrat	Gillibert	7	
236 Tête de Breton	Pouldedu	5		309 Pirs		1	
248 Lally le Condé Louis XIII	Beranger	4		310 Racine	R.	9	
Dix [illegible]		2	50	314 Miramion docteur	Margin	2	50
		467	25			696	75

	Report		696	75
[illegible]	Mde Guizot mère		2	50
[illegible]7	Daubenal	Dobie	26	..
[illegible]0	Mirwelt	Martin	5	..
[illegible]6	Boulanger	Louis	5	..
[illegible]7	La Lionne Joly	Gellibert	3	..
[illegible]8	Janinguin	R.	7	..
30	[illegible]	R.	24	..
31	[illegible]	R.	9	..
32	[illegible] Pierre 1.	R.	13	..
[illegible]	[illegible]ly	Gellibert	5	50
36	[illegible]	Soleil	11	.
37	[illegible]	Volet	6	
[illegible]	Buckingham	Soleil	3	50
[illegible]	[illegible]	Louis	4	50
42	Recamier	Combrun	14	
[illegible]	[illegible]	R.	5	
[illegible]	Leon		1	75
345	[illegible]	Combrun	3	..
346	Gonzague	R.	12	..
352	Ninon	Renouvier	6	50
355	Maintenon		14	
356	Montespan	Louis	5	50
357	Lavalette	Louis	5	50
358	Rohan	Louis	6	
359	Rinon	Gellibert	17	
360	[illegible]		9	
36[illegible]	Camus	Dubuit	8	
361	Vili	R.	25	
367	Bouillon		5	50
			959	50

	Report		959	50
370	Christine	Lebarault	6	
371	Clement	Beranger	8	
378	[illegible] Marle	R.	10	
379	Letellier	Dubuit	4	
385	Menage		4	
390	Arnetton	R.	15	
391	Delalande	Dubuit	6	50
392	Servient	R	40	
396	Papety	Hardouin	8	
407	Gluck	Norblin	12	50
410	Piron	Bonhomme	6	
413	Delorme	Hardouin	3	
414	Beauvoir	Soleil	6	
415	Lemonnier	Gellibert	4	
417	Prevost	Soleil	4	
428	Pompadour	Orgeval	351	
429	Vermeulen		1	50
430	Bonne[illegible]		10	
431	Delaunay	Soleil	5	
433	Poisson		6	
435	Dubarry		3	
436	Dubarry	Volet	10	
439	Leczinska	Reylinger	5	
441	Recamier	Renouvier	7	50
442	[illegible]	R.	12	
710	Gabriel	Destailleur	25	
724	[illegible]	Destailleur	57	
729	[illegible]	Destailleur	22	
732	Winkel[illegible]	Berger	57	
			1656	50

		Report		1656	50
1443	adresse	Hardouin		3	50
1444	adresse	Combrousse		5	
1447	amour Turpin	Marlou		13	
1448	Coucher	Bigorard		9	
1451	Enlèvement nocturne		R.	11	
1453	Perette			1	50
1454	Sentinelle en défaut	Villebrun		2	
1456	2 Doreil	Berger		25	
1470	Chardin Bonne Education			8	
1476	Danse Negresses			1	25
1493	Philosophie	Dobie		16	
1499	Malheur imprévu			5	
1502	Préludes amoureux	Montalembert		6	50
1508	Laurent les deux amis			6	50
1509	Romain			8	
1510	les Oies			4	
1511	le faucon			7	
1521	Laurens Normandaugeron E. f.		R	17	50
1522	Cermine		R	37	
1523	Nymphe Sengulaine		R	17	
				1920	25

	Report		1920	25
24	Balouvine	Crery	51	
26	[illegible] dit l'abbé 2p E. forte	R.	29	
30	2 ensembles E. forte	R.	91	
31	Mercure de France	Marlon	13	
32	Partie de Musique	R.	20	
35	[illegible] 2p	R.	10	50
36	l'amour et l'espagnole	R.	30	
37	[illegible]	R.	18	
543	fête de village	Mailand	1	50
544	Humanité	R.	40	
545	Couronnement	R.	21	
546	Bal masqué	Dobie	10	
547	Serment Louis XVI	Crery	46	
554	Tableau du peint a la [illegible]	Hardin	30	
555	2 promenades du Rempart	Dobie	50	
559	Vleughels Bast	Martin	7	
561	Jeanne	Bigonnet	3	50
563	Julienne	R.	16	
565	la plus belle des fleurs	R.	15	
572	Scene de Mercier	Villeding	37	
			2459	75

		Report	2459 75
573	La Reveuse	R.	22
574	La finette	R.	27
575	le tete a tete	R.	13
580	l'amour paisible		21
586	Recreation italienne	R.	40
587	Champs Elysées	R.	60
588	Pierrot Content	R.	18
589	amusements champ.		8
591	Fetes au dieu Pan	R.	15
595	Embarquement	Dauteuil	30
596	accordée de village	Dauteuil	42
597	l'Enseigne	Berges	42
606	2 Watteau nouv.	Hardouin	10
610	Corday	Crozy	11
622	Dubarry	Villebrery	21
629	Contat	Achagne	6
636	Jardin du palais Royal	Crozy	84
646	Rubens	Soleil	3
664	S' Huberts	Villebrery	6
680	Jadis aujourd'hui	Combrousse	15
			2943 75

	Report	2943	75
1 jolie [illegible]	en bois	3	
1 portrait de tableau [illegible]		3	
1 fil [illegible]	[illegible]	18	
		2967	75
		148	..
		3115	75
[illegible] 12		17	25
		3133	..

R 40

R. 30

[illegible]

[illegible]

[illegible]

[illegible] 12 [illegible] [illegible]

392 — François Servient, évêque de Bayeux. R. D. 225. Sup. ép.

393 — Louis-François de Suze, évêque de Viviers. R. D. 227. Sup. ép. 1er état. Marge. De la plus belle condition.

394 — Claude Thevenin. R. D. 231. Belle ép.

395 **Normand**. Le prince Napoléon à mi-corps. Très-belle ép. avant toute lettre. Chine.

396 — Dom. Papety, peintre, d'ap. Hébert.

397 **Pitau**. *Marie-Thérèse* d'Autriche, reine de France, d'ap. Beaubrun. Beau portrait in-fol.

398 **Pontius**. Corneille Van der Geest, d'ap. Van Dyck. *Martin Van den Enden*. Très-belle ép.

399 — Adrien Stalbent, d'ap. Van Dyck. *Martin Van den Enden*. Très-belle ép.

400 — Aubertus Mireus, d'ap. Van Dyck. Belle.

401 — Theodorus Vanlonius. Belle ép., avec *Martin Van den Enden*, avant le nom du graveur.

402 **Quenedey**. M. de la Borde, — Mme Boivin. 2 port. au physionotrace.

403 **Rogers** (Will.). Henri IV debout en manteau du St-Esprit, sous un portique orné. Petit in-fol. Très-rare.

404 **Roullet**. M. Hilaire Clément, procureur. Superbe ép. pet. in-fol.

405 **Saint-Aubin**. Duchesse d'**Angoulême**, Madame étant jeune, médaillon d'ap. Sauvage. In-8. Sup. ép., marge in-4.

406 — Fenouillot Falbaire de Guingey, inspecteur des salines de Lorraine. In-8. Superbe ép., marge in-4.

407 — Gluck. Médaillon entouré de chêne et lauriers, d'ap. la cire de Krafft. In-8. Superbe ép., marge in-4.

408 — **Marc-Réné de Montalembert**, d'ap. de Latour. Très-belle ép. in-4. Grande marge.

409 — Alexis Piron, d'ap. le buste de Caffieri. Très-belle ép. in-8. Marge.

410 — Alexis Piron, d'ap. Cochin. Médaillon in-4. Rare.

411 — ***Adrienne Sophie***, marquise de... Charmant et gracieux portrait de femme avec attributs des arts. Belle ép.

412 — Lavallière, — Maintenon, — Ninon de l'Enclos, — Sévigné, 4 profils, médaillons équarris. In-8. Belles ép.

413 **Saint-Eve**. M. Delorme, d'après *Ingres*. Ép. sur chine avec dédicace signée de l'artiste.

414 **Schmidt**. R. F. de Beauveau, évêque de Bayonne, archev. de Narbonne. In-8 en travers. Superbe ép. Marge.

415 — Adrienne ***Le Couvreur***. In-8. Très-belle ép.

416 — Parrocel, peintre. In-8. Superbe ép., 1er état.

417 — A.-F. Prevost, aumônier du prince de Conti. In-4. Superbe ép.

418 — J.-B. Rousseau, d'ap. Aved. Très-belle ép. grand in-4.

419 **Schmidt** (G.-F.), 1776. Portrait de Rembrandt, d'ap. lui-même. Magnifique ép., marge, de la plus belle condition.

420 **Schulze**. Joseph II, empereur. Sup. ép. in-fol. avant toute lettre.

421 **Schuppen** (Van). D'***Orléans*** (Anne-Marie-Louise), d'ap. *Sève*. Superbe ép. d'un très-beau portrait in-fol.

422 — Rainaud d'Este, cardinal-évêque. Très-belle ép.

423 **Smith**. King William en pied, manteau royal. Gr. in-4. Manière noire, très-belle.

[illegible] May 1.76

[illegible] 6. [illegible]

[illegible]

R. 186 [illegible] [illegible] [illegible] 3[illegible] [illegible]

[illegible]

[illegible] [illegible] 18[illegible]

424 **Surugue**. Louis de Boulogne le père, peintre, in-fol.

425 — René Fremin, sculpteur, d'après de Latour. Belle ép.

426 **Tardieu** (Ambroise). 100 portraits de savants, naturalistes, botanistes, physiciens, zoologistes, etc., etc., vol. d.-rel. in-8.

427 **Tardieu**. Bon de Boullongne, peintre, d'après lui-même. In-fol., très-belle ép., marge.

428 **Vanloo** (d'ap.). Mme de ***Pompadour***, gravée par *Anselin*, en jardinière. Magnifique épreuve avant la lettre, ép. d'artiste, toute marge. Rare. De la plus belle condition.

429 **Vermeulen**. Maximilien Emanuel, comte palatin du Rhin. Superbe ép. in-fol.

430 **Visscher** (Corneille). Gellius de Bouma. Belle ép.

431 **Vorsterman**. Deodat Delmont, peintre, d'ap. Van Dyck. Très-belle ép.

432 **Wille** (J.-G.). Jean de Boullongne, contrôleur général des finances, d'ap. Rigaud. In-fol.

433 — Poisson, marquis de Marigny, d'ap. Tocqué. Très-belle ép.

PORTRAITS

Classés par Noms de Personnages.

434 ***Condé*** (Henri de Bourbon). Belle ép. in-4 avec titre anglais. Très-rare.

435 ***Dubarry*** (Mme la comtesse). Médaillon entouré de lys et de roses. Grand in-8, marge in-4.

436 — La même. Médaillon in-4 en déshabillé avec roses et perles. Toute marge.

437 ***Fouquet*** (Basile), abbé de Barbeau. In-fol.

438 ***Henri IV***, 1610, en pied, cuirassé, couronné de lauriers, la main droite sur l'écu armorié, 4 lignes en anglais au bas. In-4; très-rare.

439 ***Marie Leczinska*** en costume riche. Joli port. in-8.

440 ***Marie de Médicis*** avec titre anglais. In-4. Belle ép. très-rare.

441 ***Récamier*** (Mme). In-8. Collection Bonneville. Rare.

442 — Debout en pied et assise, par Frilley. 2 p. grand in-8

ESTAMPES

ÉCOLE FRANÇAISE, XVIIIe SIÈCLE

443 **Anonyme.** Adresse de Nioche, imprimeur à Rouen.

444 — Adresse à la bienfaisance avec les médaillons du roi et Marie-Antoinette. Avant toute lettre.

445 **Baudoin** (d'ap.). Le Matin, le Midi, le Soir, la Nuit, 4 p. par de Ghendt.

446 — Le Rendez-Vous villageois, par Choffard.

447 — Les Amants surpris, par Delaunay, 1er état, la tablette blanche. Très-belle ép.

448 — Le Coucher de la mariée, par Moreau le jeune. Avant toute lettre.

449 — Le Lever, par Massard. Charmante pièce d'intérieur de chambre à coucher.

450 — L'Épouse indiscrète, par Delaunay. Très-belle ép., marge.

[illegible]

[illegible]

[illegible] 5 [illegible] R. 25

[illegible]

[illegible]

[illegible]

[illegible] [illegible]

[illegible]

Berger

451 — L'Enlèvement nocturne, par Ponce. Superbe ép. avant la lettre, toute marge.

452 — Le Fruit de l'amour secret, par Voyez.

453 — Perrette, la petite laitière, par Guttemberg. Belle ép.

454 — La Sentinelle en défaut, par Delaunay. Très-rare ép. d'eau-forte pure avant toute lettre, toute marge.

455 — Le Danger du tête à tête, par Simonet, élégant intérieur de boudoir. Belle ép., marge.

456 **Borel** (d'ap.). L'Innocence en danger, — le Voilà fait, 2 p. par Huot; Vues de Paris, Sortie du coche et le Jardin du Palais-Royal.

457 **Boucher**. Les Buveurs de lait, 1er état avec l'adresse d'Odieuvre, — les Deux enfants dormant chez Buldet. 2 p. très-belles.

458 — Jeune bergère assise. Très-belle eau-forte.

459 — Costumes de dames, d'enfants, études pour diverses compositions. L'Escarpolette, fac-simile des dessins de Watteau. 35 p. à l'eau-forte; sera divisé.

460 — Pastorale, panneau orné, par Huquier.

461 — L'Amour à l'épreuve. Très-rare ép. d'eau-forte pure avant toute lettre.

462 — La Courtisane amoureuse, par Larmessin. Très-belle ép. (conte de Lafontaine).

463 — L'Enlèvement d'Europe. Grande et belle p. par Claude Duflos, marge.

464 **Boulogne** (d'ap.). Actéon métamorphosé en cerf, par Sornique. Jolie p. gracieuse.

465 **Canot** (d'ap.). Le Souhait de la bonne année au grand papa, par Le Bas. Superbe ép., grande marge.

466 **Caquet**. La Soirée du Palais-Royal. Superbe ép. d'une jolie pièce. Rare. Grande marge.

467 **Caresme** (d'ap.). Le Satyre impatient, par Anselin. Superbe ép., toute marge.

468 **Chardin** (d'ap.). Sans souci, sans chagrin : Jeune fille avec raquette et volant, par Lepicié. 1742. Sup. ép., grande marge.

469 — Le Négligé ou la Toilette du matin.

470 — La Bonne éducation. Belle ép., marge.

471 **Chevillet**. L'Amour maternel, d'ap. Peters. Belle ép.

472 **Corbin**. Fête en l'honneur de Bacchus, imp. en rouge.

473 — Titres d'ap. Oppenort. 2 p.

474 **Coypel** (d'ap. N.-N.). Vénus sur les eaux, par Desplaces. Gracieuse composition. Très-belle ép.

475 **Delaunay**. La Gaîté de Silène, d'ap. Bertin. Belle ép., toute marge.

476 **Descamps** (d'ap. J.-B.). Le Négociant, par Le Bas. Très-belle ép., marge.

477 **Duclos**. La Reine (Marie-Antoinette) annonçant à Mme de Bellegarde des juges et la liberté de son mari, d'après le dessin de même grandeur, par Desfossés. Pièce très-importante de l'époque, tous les personnages sont portraits. Très-belle ép.

478 **Duflos** (Claude) et autres. 10 vignettes in-8 pour la Henriade.

479 **Dugoure** (d'ap.). Le Lever de la mariée, par Trière. Jolie pièce d'intérieur. Très-belle ép. Marge.

480 **Eisen** (d'ap. Ch.). L'Amour européen et asiatique. 2 p. par Basan. Très-belle ép., marge.

481 — Le Tric-Trac, par Lebas. Charmante composition d'intérieur. Sup. ép., marge.

482 — Les Amusements champêtres, par de Longueil. Très-belle ép.

483 — Le Matin, le Midi, l'Après-Midi, le Soir. 4 très-jolies pièces à costumes, par de Longueil. Très-belle ép., marge.

[illegible]

[illegible]

[illegible]
[illegible]

484. — La Dame de charité, par Voyez l'aîné, 1773. Très-belle ép., marge.

485 **Fragonard.** L'Armoire, grande et belle pièce capitale du maître à l'eau-forte. Superbe ép. avant toute lettre, marge.

486 — (D'ap.). La Cachette découverte, par Delaunay, réduction de la pièce précédente. — Dites donc s'il vous plaît. 2 p.

487 — Contes de Lafontaine. Vignettes in-4, la plupart avant toute lettre. 16 p. très-belles, toute marge.

488 — Le Baiser à la dérobée, par Regnault.

489 — La Gimblette, par Bertony. Très-belle ép. avant la lettre.

490 — L'Escarpolette, par Delaunay. Très-belle ép. avant la lettre, la planche carrée, 1er état.

491 **Freudeberg** (d'ap. S.) :

No 1, le Lever, par A. Romanet, 1774.
No 2, le Bain, par A. Romanet, 1774.
No 3, la Toilette, par Voyez l'aîné, 1774.
No 4, l'Occupation, par Lingée.
No 5, la Visite inattendue, par Voyez l'aîné, 1774.
No 6, la Promenade du matin, par Lingée.
No 7, le Boudoir, par P. Maleuvre, 1774.
No 8, les Confidences, par C.-L. Lingée.
No 9, la Promenade du soir, par Ingouf junior.
No 10, la Soirée d'hiver, par Ingouf junior.
No 11, l'Événement au bal, par Duclos et Ingouf.
No 12, le Coucher, par Duclos et Bosse.

Ces charmantes scènes d'intérieur, d'agréable et gracieuse composition précèdent l'ouvrage du costume physique moral au xviiie siècle, par Moreau le jeune. Ces 12 pièces sont très-belles ép.

492 — Le Négociant ambulant, — le Soldat en semestre, 2 p. par Ingouf Junior.

493 **Greuze** (d'après). La Philosophie endormie (c'est le portrait de Mme Greuze gravé à l'eau-forte et terminé par Aliamet). Très-belle ép.

494 **Greuze.** La Leçon de tricot. Superbe ép. avant toute lettre. Rare.

495 — Le Fils puni, — la Malédiction paternelle. 2 très-petites pièces, très-belles ép.

496 — Le Doux regard de Colette, par Dennel.

497 — Jeune fille pelotant du fil et jouant avec son chat, par Flipart.

498 — Le Tendre désir, par C...

499 — Le Malheur imprévu, par Delaunay. Très-belle ép.

500 — Têtes, fac-simile. 3 p.

501 **Halbou.** Le Messager fidèle, d'après Lallie. Jolie jeune fille dans un médaillon entouré de roses. Fait pendant à l'Inspiration favorable de Fragonard.

502 **Hoin** (d'ap.). Le Prélude amoureux. Ép. avant la lettre.

503 **Huet** (d'ap.). Ce qui est bon à prendre est bon à garder, par Chaponnier. Sup. ép. avant la lettre et avant la draperie; toute marge.

504 **Jeaurat** (d'ap.). L'opérateur Barri, par Balechou.

505 — Le Mari jaloux, par Balechou. Marge.

Ces deux pièces sont belles épreuves.

506 — La place des Halles, curieuse pour le Pilori. — La place Maubert. 2 belles p. par Aliamet.

507 — Le Carnaval des rues de Paris. —Le Transport des filles de joie. 2 belles p. par Levasseur.

508 **Lancret** (d'ap.). Les deux Amis.

509 — Les Rémois. Marge.

510 — Les Oies de frère Philippe. Marge.

511 — Le Faucon. Marge.

Ces pièces des Contes de La Fontaine sont très-belles ép.

512 — Les quatre Saisons, en hauteur. 4 p., très-belle ép.; marge.

[illegible]

[illegible]

Mail. [illegible]

[illegible] Villabuy Mad [illegible]

[illegible] [illegible] Dontant [illegible] Villabuy

Dontant [illegible] Villabuy [illegible] [illegible]

[illegible] Villabuy Mail. [illegible]

R. 150 Jannua [illegible] Villabuy Apilera [illegible]

513 — *Tardieu.* Le berger indécis. Très-belle ép., marge. Jolie pièce rare.

514 — Jeu de cache-cache mitoulas. Jeu des quatre coins. 2 p. très-belles; ép. toute marge.

515 — Le Midi. — L'Après-dîner. — La Soirée. 3 p. par de Larmessin. Belles épr.

516 — Récréation champêtre, par Joullain. Belle ép.

517 **Lavreince** (d'ap.). La Soubrette confidente, par Vidal. Avant la lettre.

518 — Les Offres séduisantes, par Delignon.

519 — L'Heureux moment, par Delaunay. Sup. ép., avant la dédicace.

520 — Le Retour trop précipité, par Pierron. Très-belle, avec marge.

521 — Le Roman dangereux. Ép. d'eau-forte pure, très-rare.

522 — Le Roman dangereux, par Helman. Très-belle ép., toute marge.

523 — Les Nymphes scrupuleuses. Sup. ép. 1er état, avant toute lettre.

524 — La Balançoire mystérieuse. Sup. ép. 1er état, avant la lettre.

525 — Qu'en dit l'abbé? Sup. ép. par Delaunay.

526 — Qu'en dit l'abbé? — Le Billet doux. 2 charm. compositions; ép. d'eau-forte pure; très-rares.

527 — Le Billet doux, par Delaunay. Très-belle ép., marge.

528 — L'École de danse, par Dequevauvillers. Très-belle ép.

529 — Le Lever et le Coucher des ouvrières en modes. 2 charm. compositions, par Dequevauvillers.

530 — L'Assemblée au salon. — L'Assemblée au concert; très-riches intérieurs (c'est, dit-on, le salon du duc de Luynes). Ép. d'eau-forte pure. 2 p. très-rares et très-belles.

531 **Lavreince.** Le Mercure de France, par Guttemberg. Très-belle ép., avant la lettre.

532 — La Partie de Musique, par Langlois. Très-belle ép., avant la lettre.

533 — Le Concert agréable, par Varin. Très-belle ép., avant la lettre.

534 **Le Bas.** Les gentilles Villageoises. Sup. ép., marge et autres. 3 p.

535 **Lemesle** (d'ap.). Le Cuvier. — La Clochette. 2 p. des Contes de La Fontaine, par Filœul. Belle ép., marge.

536 **Le Prince** (d'ap.). L'Amour à l'espagnole. Charmante pièce supérieurement gravée par A. de Saint-Aubin et Pruneau ; sup. ép., avant la dédicace.

537 **Marillier.** Vignettes, avant la lettre. 3 p.

538 **Monnet** (d'ap.). Les Baigneuses surprises, par Vidal. 1er état et rare ép., avant la lettre, marge.

539 **Monsiau** (d'ap.). Vignettes in-4 pour l'*Héloïse* de Rousseau. 10 p. très-belles, avec marge.

540 **Moreau** le jeune. 100 portraits et vignettes pour Voltaire, vol. rel.

541. — Vignettes in-4 pour les œuvres de J.-J. Rousseau. 37 p. très-belles ép. C'est une des suites les plus importantes pour la réunion de jolis costumes.

542 — Costume physique et moral au XVIIIe siècle. 24 p. ; belles ép. avec grandes marges.
= Déclaration de la grossesse, par Martini.
= Les Précautions, par Martini. 1777.
= J'en accepte l'heureux présage, par Triere.
= N'ayez pas peur, ma bonne amie, par Helman.
= C'est un fils, monsieur, par Baquoy.
= Les petits Parrains, par Baquoy et Patas.
= Les Délices de la maternité, par Helman.

[illegible] 12. [illegible]

[illegible] [illegible] R

[illegible] 13. [illegible]

[illegible] 52

[illegible]

[illegible]

Bell [illegible]

[illegible]

Nobl[illegible] 45 [illegible]

Dob[illegible] 45 [illegible]

= L'Accord parfait, par Helman. 1777.
= Le rendez-vous pour Marly, par Guttemberg.
= Les Adieux, par Delaunay jeune. 1777.
= Rencontre au bois de Boulogne, Guttemberg.
= La Dame du palais de la reine, par Martini.
= Le Lever, par L. Halbou.
= La petite Toilette, par Martini.
= La grande Toilette, par Romanet.
= La Course des chevaux, par Guttemberg.
= Le Pari gagné, par Camligue.
= La partie de Wisch, par Dambrun.
= Oui ou non. A. P. D. R. Petite marge.
= Le Seigneur chez son fermier, par Delignon.
= La petite Loge, par Patas.
= La Sortie de l'Opéra, par Malbeste.
= Le souper fin, par Helman, 1781.
= Le Vrai bonheur, par Simonet.

543 — Fête de village : l'on aperçoit au fond les balustres d'un parc. Charmante composition gravée par Delaunay, avec jolis costumes. Très-belle ép. 1 50 Vig.

544 — Exemple d'humanité donné par madame la Dauphine (Marie-Antoinette) en 1773. Ravissante pièce historique gravée avec une grande finesse, par E. Godefroy. Sup. ép., toute marge. 40 Vig.

545 — Couronnement de Voltaire sur le Théâtre-Français en 1778, par Gaucher. Très-belle ép. chez l'auteur, grande marge. 21 Vig.

546 — Bal masqué donné au roi et à la reine par la ville de Paris à l'occasion de la naissance du Dauphin en 1782. Très-belle et rare ép., avant la lettre. 10 Vig.

547 — Serment de Louis XVI à son sacre à Reims en 1775 ; sup. ép. d'une pièce de grande ordonnance : la reine Marie-Antoinette et autres personnages se voient dans les tribunes. Marge ; de la plus parfaite condition. 46 Vig.

118 50

548 **Moreland** (d'ap.). The farmers visit in Town et in the Country. 2 p. ovales en bistre.

549 **Pater** (d'ap). Le Baiser donné.—Le Baiser rendu. 2 p. par P. J. Belles ép., toute marge (contes de La Fontaine).

550 — Le Savetier, par Filloeul. Sup. ép., toute marge (conte de La Fontaine).

551 — Ragotin à cheval. — Ragotin retiré du coffre. 2 p. par Surugue. Sup. ép. (Roman comique de Scarron).

552 **Queverdo** (d'ap.). Le Dangereux modèle, par Patas; charmante scène villageoise. Sup. ép., grande marge.

553 **Raoux** (d'ap.). L'Enfance, la Jeunesse, l'Age viril, la Vieillesse. 4 p. par Moyreau, jolies compositions.

554 **Saint-Aubin** Tableau des portraits à la mode. Très-belle ép., avant toute lettre.

555 — La Promenade des remparts de Paris. — Tableaux des portraits à la mode. Gravés par Courtois; très-belles ép. Ces deux pièces sont des plus recommandables pour la réunion de jolis costumes du XVIIIe siècle.

556 **Saint-Non.** Charges napolitaines. 6 p. à l'eau-forte, très-rares, imprimées sur la même feuille.

557 **Valck** ca. (G.). Diane dormant. Très-belle ép., manière noire.

558 **Vanloo** (d'ap. Carle). La Confidence, par Beauvarlet. Très-belle ép., marge.

559 **Vleughels** (le chev.). Le Bast. — Le Villageois qui cherche son veau. — La Jument du compère Pierre. — Frère Luce. 4 p. par Larmessin, tirées des Contes de La Fontaine. Pourra être divisé.

560 **Watteau.** La Femme assise (R. D. J.). Jolie pet. p. à l'eau-forte

[illegible]

[illegible]

[illegible] Bijenau [illegible]

[illegible]

R

[illegible]

[illegible]

[illegible] [illegible]

[illegible]

R

R

561 — La Troupe italienne. R. D. 8 très-belle ép., retouchée au burin par Simmoneau.

562 — Sous un habit de Mezetin, jolie p. par Thomassin, chez Sirois. Belle ép.

563 — M. de Julienne jouant du violoncelle près de Watteau, dans un jardin, par Tardieu. Sup. ép., marge. (Catal. de Veze, 4.)

564 — Antoine de la Roque, par Lépicié (Catal de Veze, 6). Belle ép.

565 — La plus belle des fleurs ne dure qu'un matin. Très-belle ép. d'une très-jolie pièce, par Liotard; grande marge.

566 — Si nous reprenons quelque haleine; halte de soldats. Par C. Cochin

567 — Escorte d'équipage (27), par Cars. Très-belle ép. avec marge.

568 — Retour de guinguette, par Chedel. Belle.

569 — La Sérénade italienne, par Scotin. Très-belle ép., le titre coupé.

570 — Naissance de Vénus; gracieuse composition de quatre figures, gravée par P. Mercier. Pièce rare non décrite au catal. de Veze; sup. ép. marge.

571 — Pomone, par Boucher (34). Sup. ép., ~~grande~~ marge.

572 — Scène de deux amants assis dans la campagne qui ont l'air fâché. Très-belle eau-forte par P. Mercier; très-rare.

573 — La Rêveuse, par Aveline. Sup. ép., marge.

574 — La Finette, par B. Audran. Sup. ép., marge.

575 — Le Tête-à-tête, par B. Audran. Sup. ép., marge.

576 — La Diseuse d'aventure, par Cars. Très-belle ép.

577 — Festes vénitiennes, par L. Cars. Sup. ép.

578 — Les Agréments de l'été, par Joulin. Belle ép.

579 **Watteau.** Iris, c'est de bonne heure avoir l'air à la danse (137). Sup. ép. avec l'adresse de Chereau.

580 — L'Amour paisible, par de Favannes. Charmante pièce très-rare ; très-belle ép.

581 — Les deux Cousines, par Baron ; jolie pièce du maître. Très-belle ép., rare.

582 — La Danse paysanne, par B. Audran. Sup. ép., marge.

583 — La Cascade, par Scotin. Sup. ép., marge.

584 — Les Charmes de la vie, par Aveline ; jolie composition. Très-belle ép.

585 — Le Bosquet de Bacchus, par Cochin. Sup. ép., marge.

586 — Récréation italienne, par Aveline. Sup. ép., marge.

587 — Les Champs-Élysées (158), par N. Tardieu. Sup. ép., marge.

588 — Pierrot content (163), par Jeaurat. Sup. ép., marge.

589 — Amusements champêtres, par B. Audran. Sup. ép., marge.

590 — L'Ile enchantée, par Le Bas, très-belle ép., grande marge.

591 — Fêtes au dieu Pan, par Aubert. Très-belle ép., marge.

592 — Entretiens amoureux, par Liotard. Sup. ép., marge.

593 — Assemblée galante, par Le Bas. Sup. ép., marge.

594 — Rendez-vous de chasse, par Aubert. Sup. ép., marge.

595 — Embarquement pour Cythère, par Tardieu. Très-belle ép.

596 — L'Accordée de village, par Larmessin. Superbe ép.

[illegible] [illegible]

[illegible] [illegible]

597 — L'Enseigne de Gersaint, représentant l'intérieur de sa boutique qui se trouvait rue de la Cité, au coin du Petit Pont ; très-grande et belle p. capitale, par Aveline. Rare, encadrée.

598 — Réduction des jolies compositions du maître. 8 très-petites p.

599 — Le Marchand d'Orviétan. — La Favorite de Flore. 2 charmantes arabesques, par Moyreau ; Sup. ép.

600 — Vénus blessée par l'Amour; plafond par Caylus et terminée par Aveline. Sup. ép.

601 — La Cause badine. — Les Enfants de Momus. 2 p., sup. ép., arabesques en travers, par Moyreau.

602 — Arabesques : les Saisons; écrans par Huquier. 4 p. rares, sup. ép.

603 — Le Berceau. — La Pèlerine altérée. 2 très-belle ép., par Huquier; arabesques en hauteur.

604 — L'Escarpolette; très-belle p., par Crespy.

605 — Les quatre grands Panneaux, arabesques. — Feste bachique. — La Balanceuse. — Partie de chasse, le May. Sup. ép., rares.

606 **Watteau fils**. Dame de distinction. — La jeune Elvire. 2 jolis costumes de dames.

PORTRAITS & SUJETS

Gravées à la manière du Crayon, fac-similé et impression en couleur.

607 **Anonyme**. Buste de jeune fille, expression de regrets. Petit médaillon en couleur avant toute lettre,

608 — Ambroise. — Sully. — Necker. 3 port. Médaillons en bistre accolés.

609 — ***Marie-Antoinette***. Profil. Coiffure poudrée avec plume. Bistre rehaussé de couleur. Petit infolio.

610 **Alix**. M. A. ***Charlotte Corday***. Superbe ép. avant la lettre. Ovale in-fol. en couleur.

611 — Jacques Delille, In-fol. ovale en couleur.

612 — Helvetius. In-fol. ovale en couleur.

613 — Mlle ***Maillard***, du théâtre des Arts. Beau portrait in-4, en couleur. Rare.

614 — Mme ***Saint-Aubin***, de l'Opéra. In-4 en couleur; le bas coupé.

615 **Bonnefoy** (James). Petite Laitière et petite Fruitière anglaises, d'ap. Northcote. 2 p. ovale en couleur.

616 **Bonnet**. Buste de jeune femme avant l'impression de l'or, par Marin.

617 — Fac-simile aux trois crayons, d'ap. Boucher. Profil de jeune femme avec fleurs dans les cheveux.

618 — Intérieur. Mère donnant la bouillie à un de ses enfants. *Fac-simile*. Crayon noir rehaussé de blanc d'ap. Boucher.

619 — La troupe ambulante des rues de Paris, d'ap. Huet. Jolie pièce en couleur. Très-belle ép.

620 — Le Déjeûner. Jolie pièce gracieuse en couleur.

621 **Bonnet**. L'Éventail cassé. Charmante pièce gravée en couleur. Très-belle ép. avant la lettre.

622 — Mme la comtesse ***du Barry***. Très-joli portrait in-8. Médaillon entouré de roses en couleur. Rare.

623 **Boucher** (d'ap.). Figure gracieuse ayant l'air de s'essuyer, sortant du bain. *Fac-simile* de dessin.

[illegible]

[illegible]

[illegible] Pélagie [illegible]

Diconas

Villebrey [illegible] Madame [illegible]
[illegible]

Mail 3

[illegible] 100 Mail 3

624 — Vénus et l'Amour. *Fac-simile.* 30

Ces deux *fac-simile*, crayons noir et blanc, sur papier bleu, sont de la plus grande beauté et très-rares.

625 **Burke** (Th.). L'Amour désarmé. — L'Amour l'enchaîne. 2 jolies compositions ovales en travers, d'ap. Aug. Kaufman. 17

626 **Caresme** (d'ap.). Bacchanale. En couleur. 5

627 **Cosway** (d'ap.). Isabella Czartoryska, en pied, par Testolini. Bistre. 8

628 — Michal, y Isabella z Lasockich Oginscy, en pied, par Schiavonetti. Bistre. 14 50

629 **Coutellier.** Mlle **Contat**. In-4. Rôle de Suzanne. Très-belle ép. toute marge. 6

630 **Debucourt.** Que vas-tu faire? Ovale en couleur. 3 25

631 — (d'ap.). Humanité et bienfaisance du roi, par Guyot. 1787. 6

632 — La femme et le mari, ou les époux à la mode. Fructidor 1803. En noir. 6

633 — ~~Heur et Malheur, ou la cruche cassée~~. Jolie pièce gravée. En couleur. 9

634 — Le compliment, ou la matinée du jour de l'an. 1787. — Les Bouquets, ou la fête de la grand' maman. 1788. 45

Ces deux pièces sont gravées en couleur et de charmantes compositions d'intérieur de famille. Très-belles ép.

635 — Promenade de la galerie du Palais-Royal. Gravé en couleur. Nombreuse réunion de charmants costumes de femmes. 1787. 58

636 — Promenade du jardin du Palais-Royal. Pièce gravée en couleur, curieuse pour la réunion des costumes. Belle ép. Rare. 84

637 **Debucourt.** 1792. La Promenade publique. Pièce capitale et curieuse pour la réunion de costumes et scènes de mœurs de l'époque, gravée en couleur. Très-belle ép. encadrée.

638 **Demarteau.** Petite bergère et son chien. — Petit pêcheur. 2 jolies petites pièces. Sanguine.

639 — Jeune bergère assise. Sanguine.

640 — Deux Baigneuses. Sanguine. Toute marge.

641 — Vénus et l'Amour. Sanguine.

642 — Berger surprenant sa bergère endormie. — Jeune bergère assise. 2. p. Sanguine.

643 — Jeune bergère. — Jeune berger. 2 p. Sanguine.

644 — Jeune fille tenant un panier de roses. — Jeune fille et son oiseau. 2 belles pièces. Sanguine.

645 — Jeune bergère debout. Sanguine.

Ces pièces sont d'ap. Boucher et très-belles ép.

646 — Portrait de Rubens à 30 ans. Aux trois crayons.

647 — La danse. Charmant *fac-simile* d'ap. Boucher. Aux trois crayons.

648 — Le jeune berger, d'ap. Huet, *fac-simile*. Aux trois crayons.

649 — Tête de jeune fille, d'ap. Leprince. Aux trois crayons.

650 — Jeune fille. Joli costume, d'ap. Leprince. Aux trois crayons.

651 — Tête de jeune fille, d'ap. Watteau. Aux trois crayons.

652 — Bergère et son enfant, d'ap. Huet. *Fac-simile*. Aux trois crayons. Très-belle ép.

653 — Le Plaisir innocent. — Le Mouton chéri. 2 p. *fac simile* de dessins aux trois crayons, d'ap. Huet. Très-belles ép.

654 — Vénus parée par l'Amour, demi-nue, assise sur un lit richement sculpté. Superbe ép.

[illegible]

[illegible] [illegible]

[illegible] [illegible]

[illegible]

[illegible] [illegible]

[illegible]

655 — Bacchante prête à manger le raisin que lui présente l'Amour. Superbe ép. 27

Ces deux ravissantes compositions, *fac simile* aux trois crayons d'ap. Boucher, sont tirées du portefeuille de M. Nera. Rares.

656 — Pastorales, en couleur, d'ap. Huet. Belles. 3 50

657 — Buste de jeune fille, aux trois crayons. Autre, crayon noir. Mère et enfant, sanguine, et autres. 5 p. 3 25

658 **Descourtis**. La fête de village. Avant toute lettre, en noir. 16 50

659 — Le Tambourin, d'ap. Taunay. Avant toute lettre, en noir. 11 50

Ces 2 p. sont extrêmement rares à trouver de cet état.

660 — L'Amant surpris. — Les Espiègles. 2 p. en couleur, d'ap. Schall. Superbes ép., toute marge. 40

661 **Janinet**. Mlle *Colombe* l'aînée. Profil. In-8 ovale, en couleur. 5 50

662 — Mme *Dugazon* en pied. Grand in-8 en couleur, toute marge. 4 25

663 — Mme *Saint-Huberti*. Profil in-8, d'ap. Lemoine, en couleur, marge. 6

664 — Préville en pied, d'ap Dutertre. In-4 en couleur. 1 50

665 — Carlin, Larive, Molé, Naudé, Raucourt, Saint-Huberti, Saint-Prix, Mme Vestris en pied. In-8 en couleur. 8 p., toute marge. 9

666 — Mlle du T..., d'ap. Lemoine. Superbe ép. d'un portrait rare, coupé à l'ovale et posé sur un passe-partout imprimé en couleur avec le titre. 10 50

667 — Restes du Palais du pape Jules, d'ap. Robert. 1 50

668 — Les Nourrices. Joli *fac-simile*. Bistre d'ap. Boucher. 1 25

121 25

669 — Vénus demi-couchée réveillée par le souffle de Zéphir, l'Amour dort à ses pieds, d'ap. Charlier. Superbe ép. avant toute lettre. Pièce ronde.

670 — L'Aveu difficile. — L'Indiscrétion. 2 p. gracieuses, d'ap. Lavreince, en couleur.

671 **Janinet** (D'ap. Wille fils). Le Repas des Moissonneurs. Belle composition gravée, en couleur, marge.

672 **Jubier**. Le Départ de campagne. — La Bergère récompensée. 2 p. *fac-simile* de dessins, aux trois crayons, d'ap. Huet. Très-belles ép.

673 **Legrand**. Furcy *ex.* The Seamstress. Jeune Fille regardant deux tourterelles. Ovale en couleur.

674 **Legrand** (A.). La Déclaration. — L'Amant pressant. 2 jolies p. gravées, en couleur, d'ap. Huet.

675 **Leprince** (d'ap.). La Rose choisie. Joli costume de dame. Aux trois crayons.

676 **Lucien**. La petite Laitière, d'ap. Clermont. Jolie sanguine.

677 **Malles** (d'ap. Vangorp). Le Déjeûner de Fanfan. Pièce en couleur, toute marge.

678 **Mixelle**. La Femme trompée. — La Femme vengée. 2 p. d'ap. Desrais. Au bistre.

679 **Monsaldy**. Mme ***Dugazon***, d'ap. Isabey. Superbe ép. en couleur, in-8. Toute marge, in-4.

680 **Payen**. Jadis. — Aujourd'hui. 2 jolis costumes d'enfant, coloriés en costumes Louis XVI et 1800.

681 **Petit**, d'ap. *Boucher*. Bacchante vue de dos et couchée. Superbe ép. à la sanguine. Marge.

682 **Ridé**. François-Marie ***Mayeur***, né à Paris en 1758 ; rôle de Claude Bagnolet. Joli portrait ovale, en couleur. Rare. — Chanson autographe signée le Chansonnier et les Voisins. 4 couplets de 8 vers.

683 **Saint-Aubin** (d'ap.). Validé ou Sultane mère. Rosières, par Prudhon fils, d'ap. Favart. 2 p.

[illegible]

[illegible]

Déposé à

Dessiné p

Bondfield. 12 p. 1 50

Naigeon 113 portraits sortis de volumes 3

684 **Sergent**. 1786. The first come best serve, d'ap. Saint-Aubin. Fort jolie pièce ovale, en couleur, avant la lettre. Rare. Très-belle ép. 7

685 **Vidal**. La Cuisinière française. — Le malin Cuisinier. 2 charmantes pièces, en couleur. 3 . 25

Volume réunion de plus de 290 pièces École Française et autres XVIIIe Siècle 18

DESSINS

686 **Anonymes**. Costumes de Jean I, duc de Bourbon, Lahire, Dame de la cour de Charles VI, Seigneur de Charles VII, comte Liziart; tiré de l'histoire de Girard de Nevers. 5 dessins. Mine de plomb. 1

687 — Daphnis et Cloé près d'une cascade. Joli petit dessin, crayons noir et blanc, encadré. 3 50

688 — Études de têtes de différents caractères. 4 sur la même feuille, sanguine d'une grande finesse. 0

689 — Marine. Aquarelle. 1

690 — Croquis à la plume. Ganimede. — Sainte en prière, etc. 8 dessins différents. Pourront être divisés. 1

691 — Figures grotesques. Genre Pantagruel; diabolique. Lavées en bleu. 6 p.

692 — Deux autres, lavées au bistre.

693 — 5 grands dessins, sanguine, représentant des sujets agréables, la Musique, le Contentement, la Joie, l'Effroy, etc. Pourront être divisés. 3 50

694 BANDINELLI. Études de torses d'hommes. 2 dessins lavés. 1

695 BASSAN. Le Boucher. Grand dessin lavé. 1

696 BERGHEM. Berger et son troupeau. A l'encre de Chine, sur papier gris. 1

697 BOILLY (Louis). Angle des galeries du Palais-Royal. Scène de mœurs et costumes de l'époque. Superbe dessin lavé à l'encre de Chine.

698 — Les Malheurs de la Guerre. Soldat voyant un enfant à la mamelle de sa mère tuée. Très-beau dessin au bistre rehaussé de blanc.

699 **Boucher**. Chinoise debout. Lavé à l'encre de Chine.

700 — Mme ***Favart***, rôle de Ninette à la cour. A plusieurs crayons, teinté de couleur, encadré.

701 — Gros Enfant couché tenant des raisins. Magnifique dessin, aux trois crayons, sur papier gris, sous verre. Signé *F. Boucher del.*

702 — Ferme et ses alentours, avec fig. Très-beau Paysage. Crayon noir. Encadré.

703 — Chaumière, avec fig. et volailles. Crayon noir. Signé *F. Boucher*. Encadré.

704 — Jeune Enfant accoudé. Aux trois crayons. Encadré.

705 BREA. Mlle ***Renaut*** l'aîné. Comédie italienne. 1785. Charmant dessin, mine de plomb. Encadré, avec la gravure de même grandeur, par le même artiste. Manière noire. In-4. Superbe épreuve, toute marge.

706 CANGIASI. Vénus pleurant Adonis. A la plume, lavé.

707 CHALLE. Vue des ruines du Colysée. Crayon noir rehaussé de blanc. 2 dessins.

708 DE TROY. Deux Guerriers surprenant trois Nymphes au bain. Plume et bistre.

709 FRAGONARD. Intérieur de cour, avec figures. Lavé au bistre. Charmant dessin.

710 GABRIEL. Premier projet du garde-meuble à Paris. A l'encre de Chine.

Dextail 110 Creux 120

Dextail 55

Nothlin [illegible]

[illegible]

Detail 70 Berge [illegible]

711 GREUZE. Académie de Femme couchée. A la sanguine.

712 LAGRENÉ. Marche de Jacob pour la Mésopotamie. A l'encre de Chine.

713 LANCRET. Jeune Homme prêt à jouer de la flûte près d'une dame et son enfant. Crayon noir.

714 LE PRINCE. Chariot russe sous une voûte prêt à passer un gué. Au bistre.

715 — Jeune Fille russe vue de dos. Grande étude à la sanguine.

716 — 1777. Deux Dames, avec jeune Fille sur un âne. Charmant dessin au bistre. Cadre rond.

717 — Bestiaux passant un gué; paysage de grande étendue. Beau dessin au bistre, cadre rond.

718 LUTTI (B.). La Madeleine expirante, n° 469 du catal. Mariette. Plume et bistre.

719 MACHET 1767. Marine. A la plume.

720 MAYER (D.). 1572. Saint Évangéliste écrivant. A l'encre, rehaussé de blanc sur fond brun. Encadré.

721 — Oiseaux et Fleurs. 4 aquarelles.

722 NATTIER. Étude pour portrait d'homme en buste. A la sanguine et crayon noir.

723 — Étude pour port. d'homme à mi-corps. Crayons noir et blanc.

724 NICOLE. Intérieur de l'Eglise des Carmes. Aquarelle.

725 PARROCEL (C.). Deux Galériens portant des fardeaux. A l'encre de Chine.

726 — Guerriers Romains donnant des ordres pour des constructions. Sanguine.

727 POUSSIN (N.). Présentation au temple. Lavé à l'encre.

728 PRUDHON. Projet d'une Horloge publique. Croquis crayon noir. (Attribué.)

Wig 22 729 ROUX (Maître). Bacchus et Cérès à table servis par des Nymphes et des Amours. Aquarelle. B.

8 730 SAINT-AUBIN (Gabriel de). Minerve présente le médaillon d'Henri IV à Louis XV, entouré de personnages allégoriques. Mine de plomb. G.

1 50 731 WEYLER. 1790. Jolie tête de femme en extase. Pastel. G

Wig 57 732 WINKELES. Boulevart, Faubourg Saint-Honoré. 1802. Aquarelle. G

1 75 733 WOCHER. Jeune Paysan écoutant un vieux Paysan qui chante, entouré de jeunes filles. Au bistre. G

2. A. 15 - 79 - 190 6 pièces

3. 25 B 5. 8. 11 - 13 - 18. 57 - 71 - 186 11 pièces

9647

4	St Paul		1
9	les Evangelistes	Renouvier.	5
14	Backhuijsen	Dobré.	2
23	Bosse Hercule	Ruyheque.	5
24	d° Sculpteur	Rott.	11
26	Brignard	Lab. de l'étage	1
39	Dessin Pandore		45
51	Gole		4 25
52	Goya infante	Mailand.	11
58	Leone Lafontaine	Renouvier.	5
92	Pas Pravis	Soliel.	6
93	Palembang Lat	Rott.	8
115	M.Antoine Mars Venus et l'amour		7 50
136	Rembrandt Retour d'Egypte	Dobré.	96
138	Jésus au milieu		2
142	Christ ovale		2
146	Devant de ...	Soliel.	9
~~152~~	~~Bataille~~		4
160	Paysan ...	Soliel.	10
166	Paysage ... carré		27
168	L'obelisque	Dobré	116
169	Barque ...		6 50
175	Faustus	Dobré.	21
198	Vico ...	Soliel.	3
240	Bolain 3 cérémonie		9
241	Bol		4.
228	Garavaglia Vierge	Bresson.	30
232	Bis 3 Prudhon		4 50
236	Lot et ...	Rochelat.	5
242	Lilly Colonel	Beranger.	4
	Bis d° ...		2 50
244	B. Audran	Moreau	8 50
246	Camille ...	Rott.	14.
247	Pavillon de Gondi	–	2
248	Crébillon	Rott.	9
249	Julienne	Rott.	11
			505 75

250	[illegible]		
251	Bazin Dauphin	Moreau.	12
253	Bourgogne	Vatel.	1 50
252	Belley	Hardouin.	3
256	Marie Anton.	Liberaux.	3
257	Orleans 4 pièces	...	10
258	Mad. Tallien	Dobré.	36
262	Chinon	Gellibert.	7
269	Jouly	Rott.	4
274	Portail	Rott.	41
275	Boudon		2 50
281	Bonne	Beranger.	4
~~282~~	~~...~~		~~...~~
284	Miramion	Dobré.	4
289	Colbert Villeneuf		3 50
290	Loyola	Soliel.	5
294	Tour d'auvergne		1
295	Fanny	Soliel.	5 50
296	Briquet		1
299	Diderot	Rott.	10
~~301~~	~~Fénelon~~		~~...~~
302	Gravelot	Hardouin	10
303	Henault		2 50
305	Legras	Gellibert.	7
309	Piis		1.
310	Racine	Rott.	9.
314	Recamier	Mangin.	2 50
	Mad. Guizot mere		2 50
317	Dauberval	Dobré.	26
320	Mirevelt	Mailand.	5
326	Fontage	Lavier.	5
327	Laline de Joly	Gellibert.	3
328	Dominiquin	Rott.	7.
330	Duchatelet avant l.l.	Rott.	24
331	Fontenelle	Rott.	9
332	Frederic II. Pierre I.	Rott.	13
333	Joly	Gellibert.	5 50
336	Tremblee	Soliel.	11
			807 75

[illegible] 7 [illegible]

337	Duthey	Vatel	6	
339	Buckingham	Soleil	3	50
340	Grammont	Lanis	4	50
342	Recamier lithog	Combrouse	14	
343	Ferriere	Ratt	5	
344	Leoni		1	75
345	Cath. de Medicis	Combrouse	3	
346	Gonzague	Ratt	12	
352	Ninon de l'enclos	Renouvier	6	50
355	Maintenon		14	
356	Moncorne	Lanis	5	50
357	Lavalette	Lanis	5	50
358	de Rohan	Lanis	6	
359	Pirison	Gelliber	17	
360	armand artaula		9	
362	Camus	Dutent	8	
365	Vitré	Ratt	25	
367	Bouillon		5	50
370	Christine	Lebermutt	6	
371	Clermont tonnerre	Boranger	8	
378	Le Masle	Ratt	10	
379	Letellier	Dutent	4	
385	Menage		4	
390	Ormesson	Ratt	15	
391	Desland	Dujaut	6	50
392	Servient	Ratt	40	
396	Papety	Hardouin	2	—
407	Gluck	Norblin	12	50
410	Piron	Bonhomme	6	
413	Delorme	Hardouin	3	
414	Beaumean	Soleil	6	
415	Lecomoreur	Gelliber	4	
417	Prevost	Soleil	4	
428	Pompadour	Arozarena	351	
429	Vermeulen		1	50
430	Bourma		10	

[illegible] 00

433	Poisson		6	
435	Dubarry		3	
436	Dubarry	Vatel	10	
439	Leczinska	Ringburque	5	
441	Recamier	Renouvier	7	50
442	D° ep.	Ratt	12	
~~7[illegible] Gaiblet~~		Desrailleux	25	
724	Nicole arme	Destailleur	57	
729	Rosa	Destailleur	22	
732	Winkler	Berger	57	
443	adresse	Hardouin	3	50
444	adresse	Combrouse	5	
447	amour Serpin	Mailand	75	
448	Conchel	Bijouard	9	
457	Enlèvement nocturne	R	11	
453	Perette		1	50
454	Sentinelle en Défense	Villatimer	2	
456	de Borel	Berger	25	
470	Chardin Bonne éducation		8	
476	negociant		1	25
493	Philosophie	Dobré	16	
499	Malheur imprevu		5	
502	Prelude amoureux	Montalant	6	50
508	Lancret Deux amis		6	50
509	. Remois		8	
520	. les Oies		4	
571	. le Tiamon		7	
521	Romans Dangereux ep.	R.	17	50
522	d° terminé	R.	87	
523	Nymphes Surprises	R	77	
524	Balancoire	Crecy	57	
526	quand de l'abbé ep. e.f.	R.	29	
530	2 assemblée	R.	91	
531	Mercure	Mailand	13	
532	Partie de Musique	R.	20	
535	Lemerle ep.	R.	10	50
536	Pensent à l'Espagnole	R.	30	

546	Bal masqué	Dahi .	10
547	Serment de Louis XVI.	Crey .	46
552	Tableau du port de la mode av 11 Hardu		30
555	2 promenades longues	Dahi .	50
559	l'Aveugle Brest	martin .	7
559	Jeunesse	Bijouard .	3 50
563	Julienne	R .	16
565	la plus belle des fleurs	R .	15
572	Jean de Mercier	Villeterey .	3
573	la Rêveuse	R. .	22
574	la finette	R. .	27
575	lettre alette	R. .	13
580	l'amour paisible		21
586	Recreation italienne	R .	40
587	Champs Elysées	R .	60
588	Pierrot Content	R .	18
589	amusements champ.		8
591	Fetes au dieu Pan	R .	15
595	Embarquement	Dauteuil .	30
596	accordée de village	Dauteuil .	42
597	l'Enseigne	Berger .	42
606	2 Watteau neveu	Hardouin .	10
610	Corday	Crey .	11
622	Dubarry	Villeterre .	1
629	Contat	Dehaque .	6
636	Jardin du P. Royal	Crey .	84
646	Rubens	Soleil .	3
			932 75

		Report	2932	75
663	St Hubert	Willetin	6	
680	Jadis aujourd'hui	Combrouse	5	
683	Validé	Combrouse	3	
	13 portraits 2 vol. Naigeon		3	
	Volume Naigeon	Dauteuil	18	
			2967	75
			148	40
			31[illegible]	15
407	[illegible]		[illegible]	[illegible]
			3103	

Mad. Silvestre

Veuve de France —

J. [illegible]

[illegible]	[illegible]	[illegible]
	71	7.10
	12	1.20
	3	30
	2	[illegible]
		[illegible] 16

www.ingramcontent.com/pod-product-compliance
Lightning Source LLC
Chambersburg PA
CBHW070244100426
42743CB00011B/2119
* 9 7 8 2 0 1 4 4 9 9 9 9 5 *